삼인삼색 미학 오디세이 2

진중권·이우일과 함께 떠나는 모더니즘 미와 예술의 세계

원작 진중권 | 글·그림 이우일

이 서적내에 사용된 일부 작품은 SACK를 통해 ADAGP, ARS, VAGA, VEGAP와 저작권 계약을 맺은 것입니다. 저작권법에 의하여 한국 내에서 보호를 받는 저작물이므로 무단 전제 및 복제를 금합니다.

ⓒ Succession Miro - SACK, 2006

ⓒ Jean Tinguely / ADAGP, Paris - SACK, Seoul, 2006

ⓒ René Magritte / ADAGP, Paris - SACK, Seoul, 2006

ⓒ Marcel Duchamp / ADAGP, Paris - SACK, Seoul, 2006

ⓒ Georges Braque / ADAGP, Paris - SACK, Seoul, 2006

ⓒ Alexander Calder / ARS, New York - SACK, Seoul, 2006

ⓒ 2006 - Succession Pablo Picasso - SACK (Korea)

ⓒ Untitled Press, Inc / SACK, Seoul, 2006

ⓒ Salvador Dalí, Gala Salvador Dali Foundation, SACK, 2006

2

진중권·이우일과 함께 떠나는
모더니즘 미와 예술의 세계

三人三色

미학 오디세이

원작 **진중권**

글·그림 **이우일**

휴머니스트

삼인삼색 추천사

미학이 사고치고, 만화가 수습하다!

"만화가 사고를 치면 철학이 수습한다."라는 말이 있다. 프랑스에서 '68 이후 황금기를 맞은 전위만화를 두고 하는 얘기다. 만화가 기존의 생각 틀을 깨고 밖으로 뛰쳐나가면 철학이 그 뒤를 좇아가 주석을 달며 새로운 세계로 추슬러낸다는 뜻이다. 그만큼 만화가 앞서가는 전위예술이라는 뜻이기도 하고, 또 그만큼 철학이 부지런히 작동하며 살아있다는 뜻도 될 것이다.

 이 책에선 그 두 전위적 전통이 하나로 만나고 있다. 다만 그 순서가 반대인데, 진중권이 《미학 오디세이》라는 야심적 저술로 기존 미학의 틀을 깨는 대형 사고를 냈고, 이제 세 명의 만화가들이 그것을 수습하고 있다. 그런데 만화가마다 수습 방식이 크게 달라 흥미롭다. 현태준은 키치와 똥 냄새를 섞어 우리 정서에 쉽게 다가오게 만들었다. 이우일은 빗으로 빗듯 가지런하게 정돈했고, 김태권은 독창적 재해석으로 전혀 새로운 창작물을 주조해냈다. 미학 저술이 이렇게 여러 빛깔의 만화로 재탄생할 수 있다는 것이 놀랍다.

성완경(인하대학교 교수 / 미술평론가)

'생각하는 즐거움'에 흠뻑……!

그림을 직접 창작하는 나로서는 '미학' 이라는 것을 별로 좋아하지 않았다. 뻔한 이야기를 공연히 어렵게 풀어 골치 아프게 만드는 일이라고 생각해왔기 때문이다. 난 오히려, 자연스럽게 창작하는 나를 통해 나 스스로 미학을 만들어내는 것을 더 좋아했다.

 그런데 이번에 《삼인삼색 미학 오디세이》를 읽으면서 내가 잘 모르고 있었던 부분이 무엇인지 알게 되었고, 모호했던 부분이 명료하게 되는 체험을 했다. 즐거운 일이었다. 게다가 예술에 대해 논리적, 철학적으로 깊이 사고하는 즐거움(이건 내가 정말 피하고 싶었던 것인데……!)까지 얻게 되었으니, 놀라운 일이다. 쉽지 않은 만화를 그려준 세 후배들께 감사하며, 많은 사람들이 '생각하는 즐거움'의 여행에 흠뻑 빠져 보시기를 권한다.

박재동(예술종합학교 교수 / 만화가)

좋은 원작과 빼어난 재해석... 탁월한 교양만화!

만화는 지식과 정보를 효율적으로 전달할 수 있는 매체다. 독자들에게 가장 손쉽고 흥미롭게 다가갈 수 있다. 단순한 논리이기는 하지만 책읽기 싫어하는 독자들을 유인할 수 있는 최고의 방도가 만화인 것이다. 따라서, 지식정보책으로 만화의 역할은 앞으로 개발하기에 따라 무궁무진하게 넓어질 것이다.

이번에 새롭게 출간하는 《삼인삼색 미학오디세이》는 지식정보만화이며 동시에 탁월한 교양만화다. 원작을 해석하는 데 있어 작가들의 개성이 넘치게 반영되어 있다. 현태준은 자신의 스타일답게 미학이라는 낯선 개념을 최대한 간략하게 정리하고 있다. 진중권이라는 필자와 현태준이라는 만화가를 거친 미학은 일상이 되어버린다. 일러스트레이션의 달인답게 이우일의 해석은 원작에 충실하다. 독자들은 이우일의 만화를 통해 미학을 쉽고 재미있게 이해할 수 있게 될 것이다. 반면, 《십자군 이야기》라는 지식교양만화의 작가 김태권은 진중권의 원작에 김태권 자신의 이야기를 함께 버무려냈다. 그야말로 삼인삼색! 한 작가의 원작이 이처럼 만화로 흥미롭게 분화, 해석되는 사례는 없었다. 세 권의 책은 좋은 원작과 빼어난 재해석이 만나 흥미로운 경험을 제공한다. 만화를 읽어가다 보면, 저절로 학습하고 있는 나를 발견할 수 있다. 교과서에 대한 언급은 없지만 이것이 바로 진정한 학습만화다.

박인하(청강문화산업대학 교수 / 만화평론가)

머리말

나는 미술대학 시각디자인과를 졸업했다. 분명히 미술대학이다. 그럼에도 불구하고 미술에 대해서라곤 쥐뿔도 모른다. 아홉 살 난 딸아이가 피카소나 달리의 그림을 보며
"아빠, 이 그림이 왜 좋은 거야?"
라고 물을 때면 정말 난감하다.

도대체 피카소와 달리의 그림이 왜 좋을까? 가만 생각해보면 나는 피카소와 달리의 그림이 왜 좋은지 제대로 공부한 적이 없다. 그들이 천재라는 이야기와 그림의 가격이 천문학적이라는 이야기는 항상 들어왔지만, 나는 진정 그들의 그림을 이해하지는 못했다. 그저 얄팍한 본능적 감각으로 혼자서 '아, 좋구나.'
생각할 뿐이었다. 미술대학을 졸업한 것이 무색할 정도로.

이해할 수 없으니 딸아이에게 설명할 수도 없었다. 물론 예술 작품을 논리적으로 설명한다는 것도 부질없기는 하다. 그 위대한 예술가들은 머리로만 그림을 그린 것이 아니리라. 물론 그들은 무엇을 그릴지 '생각'을 하고 붓을 들었지만, 시각적으로 형상화시키는 과정에서 예의 그 천재적인 능력을 십분 발휘했으리라. 그것까지 논리로 전부 해석하려 하는 것은 진정 그들의 작품들을 이해하려는 것과는 분명 차이가 있을 것이다.

아이가 물어본 것도 어쩌면 그런 논리적이고 철학적인 대답을 원한 것은 아니었을 것이다.
좋다. 백번 양보했다고 치자. **예술이란 그런 것이다. 정답이 없는 것.**

하지만 영 찜찜함을 감출 수는 없다. 결국 다시 처음으로 돌아갈 수밖에 없다.
"왜 그것들이 좋은 거지? 도대체 예술이란 뭘까?"
대학에서 배운 것보다 진중권의 《미학 오디세이》는 내게 더 많은 가르침을 주었다. 4년 동안 미술이론 시간에 배운 것보다 이 세 권의 책이, 내게 더 많은 것을 가르쳐주었다. 등록금이 무척이나 아까울 따름이다. 물론 그것도 다 내 탓이긴 하지만.
그런 내가 이 책을 만화로 옮기게 된 것은, 대단한 영광이자 엄청난 과제였다.
처음에는 무조건 좋고 기뻤지만, 다시 읽으며 생각하면 할수록 《미학 오디세이》를 만화로 그린다는 것은 불가능해 보였다. 그것은 철학적이고 논리적인 의식의 흐름을 누구나 이해할 수 있는 시각적 기호, 즉 만화로 만들어야 하는 것이기 때문이었다.

오랜 산고 끝에 이 책은 결국 나왔지만 많은 아쉬움이 남는다. 결국 시각적 상징으로 보여줄 수없이 많은 내용을 텍스트로 설명할 수밖에 없었다는 게 가장 큰 이유다.
그렇게 일백 퍼센트는 아니지만 이 책이 미학을 보다 쉽게 설명한다는 것에 이의를 달 수는 없을 것이다. 그림과 글, 만화로 설명하는데 어떻게 피해갈 수 있단 말인가?
읽다가 집어던진다면 모를까…….

2006년 6월 이우일

차례

삼인삼색 추천사 004
머리말 006
등장인물 010
여는 그림 012

프롤로그 **굿모닝 헤겔!** 014

1장 **가상의 파괴** – 현대 예술
　세잔의 두 제자 020
　가상의 파괴 031
　Dialogue 전람회에서 040

2장 **인간의 조건** – 위로부터의 미학
　예술과 커뮤니케이션 046
　세잔의 회의 051
　예술가의 직관 068
　신의 그림자 082
　Dialogue 폭포 옆에서 094
　아담의 언어 098
　렘브란트의 자화상 118
　4성 대위법 137

Dialogue 화랑에서 152

놀이와 미메시스 156

내포된 독자 167

Dialogue 정신병원에서 172

뒤샹의 샘 176

Dialogue 수도원에서 187

3장 **허공의 성** - 아래로부터의 미학

달리의 꿈 192

예술과 실어증 201

예술과 정보 207

Dialogue 그래프 위에서 214

푸가를 만드는 기계 220

열린 예술 작품 231

Dialogue 연못가에서 242

4장 **헤겔의 방학** - 인간의 조건

괴델, 에셔, 바흐 248

엑스 리브리스 258

Dialogue 그림 속으로 266

닫는 그림 274

등장인물

박양
아직 어리긴 하지만 학업 성적도 우수하고 똘똘한 학생. 하지만 한 가지, 예술 쪽으로는 도통 이해할 수가 없다. 시험에 나오는 문제들은 답이 있지만 예술에는 답이 없어 싫다고 말하는 당돌한 아이이다.
박양은 J선생님에게 예술이 수학보다 위대할 수 있다는 걸 배우게 된다.

김군
박양의 이웃집 오빠지만 사실 별로 친하지는 않다. 김군은 박학다식해서 수업 시간에도 곧잘 선생님의 말씀 중에 끼어들기도 하지만 의외로 그런 지식들이 얕은 편이어서 정작 깊이 들어가면 자기가 한 얘기도 이해하지 못할 때도 있다. 그 점 때문에 박양의 빈축을 사기도 한다.

J선생님
평소에 좋은 그림과 예술 작품을 봐도 그게 도대체 '왜' 좋은지 궁금해하는 학생들을 무척이나 궁금해하던 미술 선생님.
어느 날 미술관에서 위대한 예술 작품을 앞에 두고도 하품을 하는 한 학생을 보고 결심을 한다.
"좋아, 내가 설명을 해주지. 왜 저 작품들이 결코 지루하지 않은지. 아니, 왜 위대한지!"

헤겔
(1770~1831)

피카소
(1881~1973)

세잔
(1839~1906)

마그리트
(1898~1967)

하이데거(1889~1976)

렘브란트(1606~1669)

클레(1879~1940)

크로체(1866~1952)

뒤샹
(1887~1968)

움베르토 에코
(1932~)

프로이트
(1856~1939)

에티엔 수리오
(1892~1979)

비트겐슈타인
(1889~1951)

괴델
(1906~1978)
에셔
(1898~1972)
바흐
(1685~1750)

메를로-퐁티
(1908~1961)

여는 그림

〈이것은 파이프가 아니다〉 마그리트, 1928~1929년

프롤로그 Prologue

굿모닝, 헤겔!

존경하는 헤겔 선생.

굿모닝. 좋은 아침입니다. 선생은 예술이 종말을 고할 거라고 예언하셨는데,

유감스럽게도 선생의 예언은 빗나간 것 같군요.

예술은 사멸하기는커녕, 오히려 그 어느 시대보다 더 활발하게 발전하고 있으니까요.

온갖 유파들이 명멸하고, 사람들의 생활에서 예술이 차지하는 위치도 날로 높아만 가고 있습니다.

이게 어떻게 된 일일까요?

얼마 전에, 우리나라에도 곧 세상의 종말이 온다고 떠들던 무리들이 있었습니다.

그 예언이 맞았더라면, 이렇게 편지를 쓸 것도 없이 선생을 뵈러 그냥 하늘로 올라갔을 텐데요.

그 친구들은 날짜를 너무 촉박하게 잡은 게 아닐까요?

한 2010년쯤으로 잡았으면, 몇 년 더 장사를 할 수 있었을 텐데 말입니다.

선생도 예술에 몇 백 년 더 말미를 주시지 그랬어요.

추신 : 약오르시죠?

시공을 초월한 곳에 살다보니 날짜 감각이 무뎌져 오늘이 거기 날짜로 며칠인지 잘 모르겠소.
용서하시오. 당신의 친절한, 그러나 무지와 오해로 점철된 편지를 받고 느낀 바 있어
몇 자 적어 보내오. 먼저 내가 예술의 종말을 얘기했을 때, 그건 어느 날 갑자기 예술이 자취를
싹 감춘다는 뜻이 아니었소. 거기에 중대한 오해가 있는 거 같은데, 최소한의 IQ만 있더라도
그런 오해는 하지 않았으리라 믿소. 내 말은 예술이 더 이상 진리가 생기는 결정적인 장소가
아니라는 것이었소. 알기 쉽게 통속화해서 말하자면, 그리스 시대는 예술의 시대,
그 이후는 종교의 시대, 그리고 근대는 철학의 시대였소.
이렇게 진리를 발견하고 표현하는 주요한 상징 형식은 시대마다 달라지는 거요.
그런 의미에서 예술이 인간의 사유에서 결정적인 역할을 하던 시대는 지났다는 거요.
알아들었소? 당신이 말하는 그 현대 예술이란 건 나도 이미 봤소. 내 생각이 맞지 않았소?
그 괴상망측한 예술들은 더 이상 진리가 발생하는 장소이기를 그친 것 같던데…….
안 그렇소?

추신 : 아니.

존경하는 헤겔 선생!

현대의 상황을 몰라서 그러시는 것 같은데, 지금 종말을 맞고 있는 건 예술이 아니라 바로 철학입니다.
특히 선생의 철학은 온갖 비난의 표적이 되고 있죠. 이성의 독재, 총체성의 횡포 등등,
선생의 철학에 퍼부어지는 욕설만 다 모아도 족히 책 한 권은 될 겁니다.
사실 인간의 '이성'이란 게 얼마나 취약한 토대 위에 서 있는 겁니까!
하이데거라는 철학자는 선생과 반대로 '철학의 종언'을 얘기하더군요.
예술이야말로 진리가 발생하는 장소라나요? 그래서인지 요즘 철학자들은 모두 시인을
닮아가고 있는 실정입니다. 철학은 시(詩)가 되고……. 외려 지금이야말로 예술의 시대가 아닐까요?
어떻게 생각하시는지?

1장

현대 예술

가상의 파괴

그림 속에 공간이 있다. 하지만 저런 공간은 있을 수 없다. 그렇지만 분명히 공간은 있다. 저건 잔인한 공간이다. 에셔와 마찬가지로 마그리트도 3차원 공간의 파괴를 주제로 한 그림을 몇 점 남겼다. 이제 우리는 현대 예술의 몇 가지 흐름에 대해 살펴보게 된다. 현대 예술의 가장 큰 특징은 '대상성'이 파괴된다는 데 있다. 이제 그림은 현실에 있는 어떤 것의 '재현'이기를 그친다. 왜? 파울 클레는 "현실이 끔찍해질수록 예술은 더욱더 추상적으로 된다"고 했다. 그 때문일까? 어쨌든 이제 예술은 '아름다운 가상'이기를 포기한다. 이제 예술은 다른 것이 되어야 한다. 무엇?

〈백지 위임장〉 마그리트, 1965년

세잔의 두 제자

〈노란 등의자에 앉은 세잔 부인〉 세잔, 1890~1894년

〈이른 아침의 루앙 대성당〉 모네, 1894년

〈생트 빅트아르 산〉 세잔, 1904년

〈도라 마르의 초상〉 피카소, 1937년

〈파이프 담배를 피우는 남자〉 피카소, 1911년

〈모자를 쓴 여인〉 마티스, 1905년

피카소가 세잔에게서 평면을 기하학적 단편들로 처리하는 법을 배웠다면, 마티스는 세잔에게서 또 다른 측면을 발견했지.

색 예쁘네.

바로 그거야! 풍부한 색채와 빛나는 표면!

깜짝야!

저 그림은 마티스를 유명하게 만들었지.

저 아름다운 색들을 봐!

하지만,

정말 그녀의 얼굴이 저런 색이었을까?

그러고 보니 머리카락은 붉은 색이고,

얼굴은 녹색과 파랑 귀와 목은 주황색…. 물감 뒤집어쓰고 세수를 안 했나?

1장 가상의 파괴 | 027

가상의 파괴

〈회화〉 미로, 1954년

뭘 그렸는지 궁금하지?

〈지저귀는 기계〉 클레, 1922년

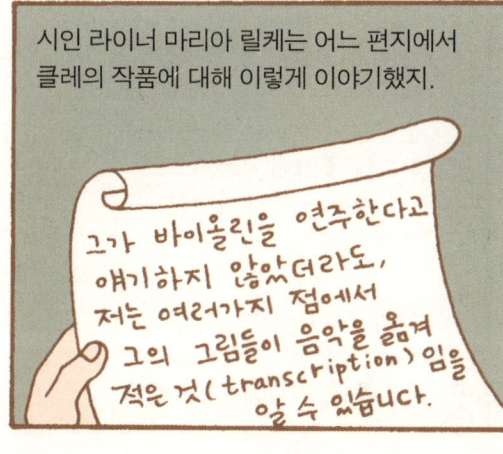

〈흰색 위에 2〉 칸딘스키, 1923년
점, 선, 면, 리듬, 선율, 화성……. 음악이 들리는가?

036 | 삼인삼색 미학 오디세이 2

〈침대〉 라우션버그, 1955년

전람회에서

상식

플라톤 그림 대신 진짜 과일 접시라……. 의미심장하지?
아리스 뭐가요?
플라톤 상식을 깨고 있잖아. 원래 저 과일 접시는 액자 안에 들어가 있어야 하는데 말일세.
어쩌면 현대 예술이 꼭 저런 꼴인지도 몰라.
아리스 무슨 말씀이죠?
플라톤 예술이 사물(오브제)이 되어버렸잖나.
가령 라우션버그의 〈침대〉를 생각해보게.
페인트칠한 침대가 그대로 예술 작품이 되고…….
아리스 하지만 저 그림의 경우엔 좀 다르죠.
플라톤 왜?
아리스 액자는 물론이고, 그 위에 놓인 과일 접시까지도
사실은 그림이니까요.
플라톤 내 참, 그건 별로 중요한 문제가 아니야.
그럼 액자와 과일 접시를 그림 밖으로 꺼내놓기로 하지.
사진을 보게. 이제 됐나?
아리스 …….

〈상식〉 마그리트, 1945~1946년

영화 〈사물의 교훈 혹은 마그리트〉의 한 장면

팔레트 위의 물감

플라톤 오브제화는 기호학적으로 아주 재미있는 현상을 낳지.
가령 어느 화가가 자기가 매일 쓰는 팔레트를 그림으로 그렸다 하세.

아리스 재미있군요. 그런데요?

플라톤 팔레트는 원래 물감을 담는 도구니까, 물론 그 그림 속의 팔레트에도 물감을 그려넣어야겠지?

아리스 물론이죠.

플라톤 그럼 아주 재미있는 현상이 벌어진다네. 논리학에서 말하는 '자기 지시'라는 현상 말일세.

아리스 무슨 말씀인지……?

플라톤 자, 생각해보게. 물감은 아무것도 지시하지 않는 순수한 물질이야.
하지만 이 물감이 일단 그림에 사용되면 더 이상 물감이 아니겠지?

아리스 물론이죠. 그건 벌써 그림이죠.

플라톤 그렇지. 그리고 그림은 이제 현실 속의 대상을 가리킬 걸세.

아리스 예. 가령 사과라든지 과일 접시라든지…….

플라톤 하지만 팔레트 그림을 생각해보게. 물감은 자신을 부정해서 그림이 되고, 이 그림은 다시
자신을 부정해서 현실의 물감, 결국 자기 자신을 가리키게 되지. ~(~A)=A!

아리스 어?

플라톤 가령 라우션버그의 〈침대〉도 마찬가지지. 페인트칠한 침대를 벽에 걸어 놓음으로써,
침대는 예술 작품이 되고…….

아리스 이 예술 작품은 다시 침대를 가리킨다?

플라톤 그렇지. 자기를 가리키는 사물. 이게 바로 현대 예술이란 애길세. 가령 피카소가 작품에
실제의 신문지를 찢어 붙였을 때 그 신문지도 역시 결국은 자기한테로 돌아오게 되는 거지.

아리스 침대는 침대, 신문지는 신문지……?

물감은 물감이다

플라톤 하지만 예술의 오브제화란 예술에 일상적 사물을 끌어들이는 것만을 얘기하는 게 아냐. 예술 자체가 하나의 사물이 된다는 얘기지.

아리스 예?

플라톤 가령 고전적인 회화의 경우엔 이런 기호학적 절차를 거치게 되지. 물감→그림→대상.

아리스 그런데요?

플라톤 하지만 미로의 그림 생각나나? 그건 무얼 가리키지?

아리스 아무것도 아니죠.

플라톤 결국 그 그림은 그림→대상으로 나아가지 못하고 있다네. 그게 가리키는 게 있다면, 오직 자기 자신 뿐이지. 물감→그림→물감!

아리스 물감은 물감이다? 하지만 그게 무슨 의미가 있을까요, A=A?

플라톤 그 작품은 아무것도 '의미'하지 않는다니까. 그건 그냥 물감일 뿐이야. 그러니 그저 물감의 색과 형태 배열의 아름다움을 보고 즐기면 되는 거야.

아리스 세상에…….

아름다운 물건

플라톤 아무것도 가리키지 않는 이상 현대 예술은 더 이상 '기호'라고 할 수가 없어. 그건 그냥 하나의 아름다운 물건일 뿐이지.

아리스 하지만 제 자신을 가리킨다면서요?

플라톤 이 친구야, 기호의 본질은 원래 자신이 아니라 '다른' 사물을 대신하는 데 있는 거야.

아리스 그런가요?

플라톤 이제 한번 생각해보게. 미로가 그린 그림이나 그가 마요카 해안에서 주운 부유물이나 어차피 아름다운 사물이라는 점에선 동일하겠지?

아리스 그렇게 보면 그럴 수도 있겠죠.

플라톤 이제 '발견된 오브제'라는 생각이 나오게 된 이유를 알았나?

아리스 예술은 사물이 되고, 사물은 예술이 되고……?

플라톤 그렇지. 예술을 굳이 힘들게 할 필요가 없어. 예술은 길바닥에서 줍는 거야.

아리스 …….

가상의 파괴

플라톤 어떤가? 마음에 드는 작품이 있나?

아리스 아뇨. 하나도…….

플라톤 안됐군. 자네가 좋아하는 '재인식'의 기쁨을 주는 작품이 하나도 없어서.

아리스 선생님은요? 마음에 드는 작품이 있나요?

플라톤 난 물론 몬드리안(Piet Mondrian, 1872~1944)이지. 기하학적 형태에 삼원색……. 세상의 모든 형태를 추상하면 기하학적 형태에 도달하고, 모든 색채를 추상하면 삼원색에 도달하니까. 그건 바로 이데아를 상기하는 과정이기도 하지.

아리스 다른 작품은요? 가령 피카소라든지…….

플라톤 그 친구도 괜찮아. 특히 대상을 기하학적 단편으로 처리할 때에는…….

아리스 마티스는요?

플라톤 온갖 색채를 적나라하게 휘둘러대는 자 말인가? 별로.

아리스 하긴 기하학엔 색채가 없으니까…….

플라톤 그래도 이 시대의 예술은 전반적으로 마음에 드는 편이야. 최소한 실물과 같은 얄팍한 눈속임을 주진 않으니까.

아리스 (눈속임 좀 하면 어때서…….)

플라톤 어떤가? 예술은 더 이상 '가상'이 아냐. 그건 또 하나의 현실이지. 멋있지 않나? 가상 대신에 새로운 현실을 창조한다…….

아리스 (아뇨. 하나도.) 아, 저기 탁자가 있군요. 앉아서 좀 쉬었다 갈까요?

플라톤 어어, 조심!

아리스 (쾅) 으악!

플라톤 마그리트의 심오한 뜻을 이제 알겠느뇨? 뭐, 허구를 이용해 진리를 말한다고! 크크크…….

아리스 으. 메흐드, 메흐드…….

플라톤 진실에 이르는 길은 험하나, 진실은 달콤한 것…….

〈달콤한 진실〉 마그리트, 1966년

2장

위로부터의 미학
인간의 조건

이제부터 우리는 현대의 예술론들을 살펴보게 된다. 먼저 우리는 예술을 하나의 소통 체계로 간주하고, 그 체계를 이루는 여러 지절(枝節)들을 더듬어가게 된다. 과연 '예술'은 그 중에서 어느 지절에 숨어 있을까? 예술적 소통 체계의 지절들을 연구하는 데에는 여러 가지 방법이 사용된다. 그걸 크게 철학적 방법과 과학적 방법으로 나누자. 여기에서는 먼저 철학적 방법들을 살펴보게 된다. 철학의 영원한 주제는 주관과 객관의 문제다. 현대 철학도 다르지 않다. 현대 미학은 바로 이 문제를 해결하려는 철학자들의 노력과 밀접한 관계가 있다. 시작해볼까?

그림을 보라. 창가에 놓인 이젤 위에 다시 그림이 얹혀 있다. 그 속을 보라. 나무가 보인다. 이 나무는 아주 애매한 위치에 있다. 나무는 창 밖의 세계에 '실재'하는 나무일 수도 있다. 아니, 어쩌면 캔버스에 그려진 '재현'일지도 모른다. 저 나무는 그림 '속'에 있는가, '밖'에 있는가? 이제 그림에서 눈을 떼라. 당신은 지금 길거리의 나무를 보고 있다. 그 나무는 당신의 머리 '속'에 있는가, 아니면 '밖'에 있는가? 전자라고 생각하면 관념론자고, 후자면 실재론자다. 상식적으로 생각하면 간단할지 모르나 철학적으론 그렇지가 못하다. 왜?

〈인간의 조건〉 마그리트, 1933년

예술과 커뮤니케이션

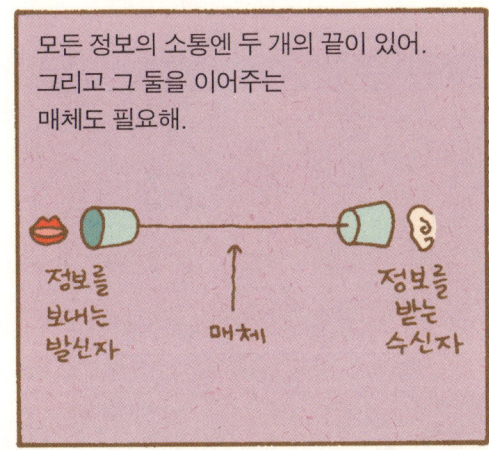

모든 정보의 소통엔 두 개의 끝이 있어. 그리고 그 둘을 이어주는 매체도 필요해.

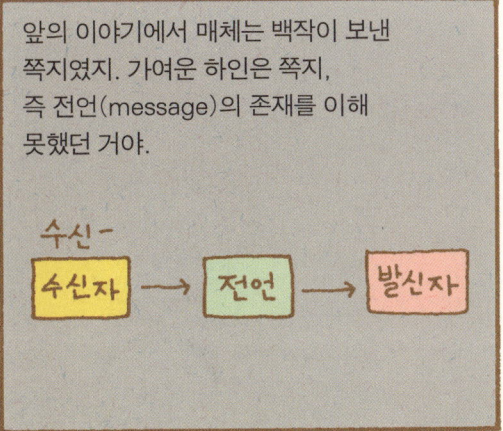

앞의 이야기에서 매체는 백작이 보낸 쪽지였지. 가여운 하인은 쪽지, 즉 전언(message)의 존재를 이해 못했던 거야.

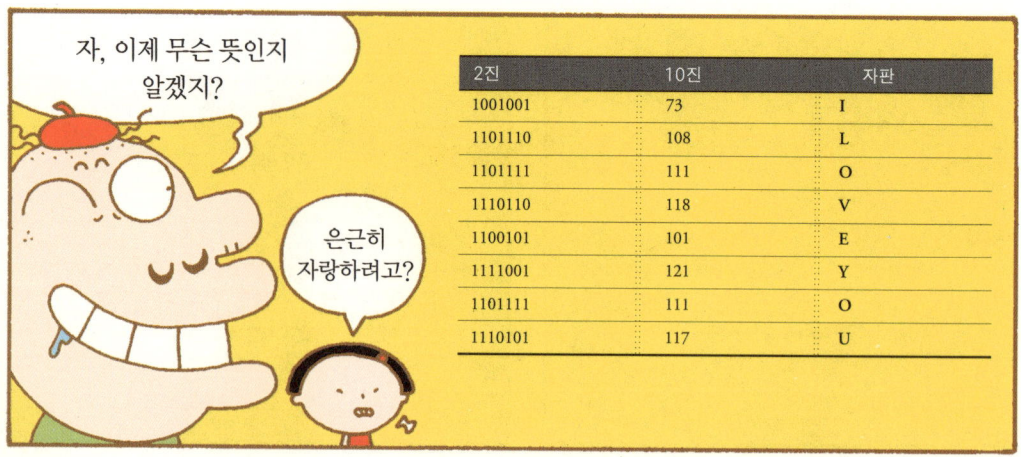

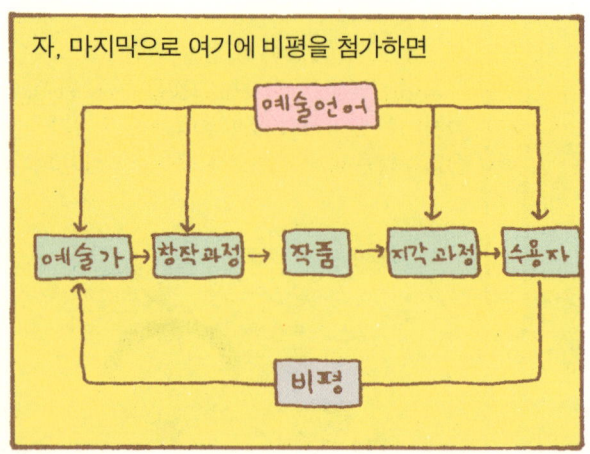

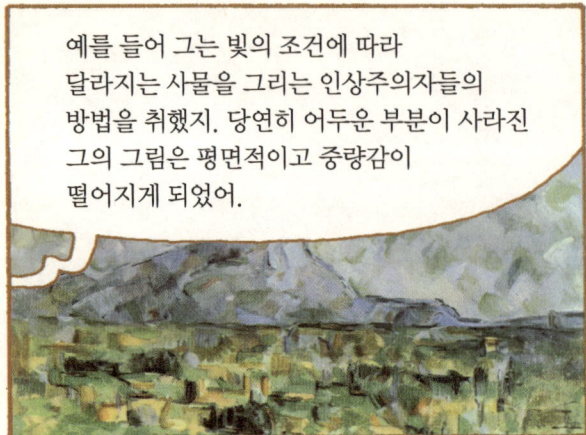

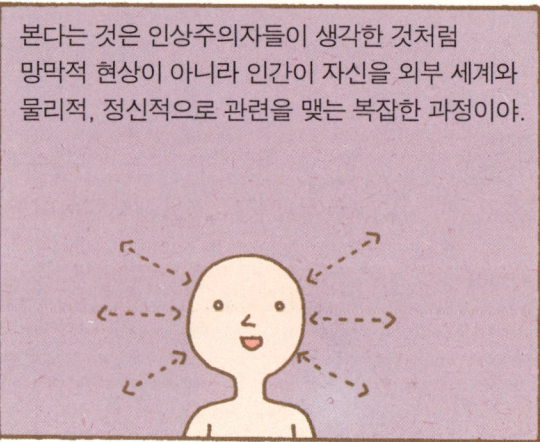

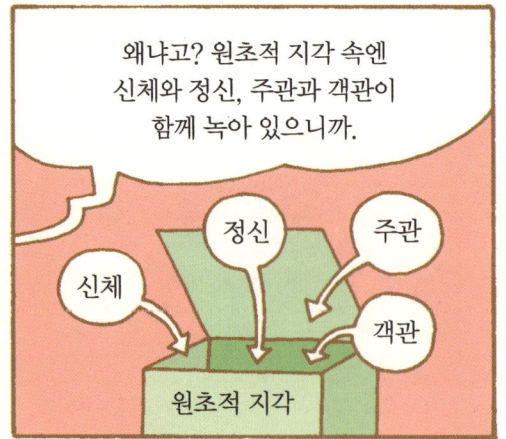

최근의 심리학 연구에 따르면 우리들이 실제로 지각하는 원근법은 기하학적 원근법도 아니고 사진기의 원근법도 아니라고 해.

아래 세잔의 그림을 보자. 부인의 배경에 양쪽으로 검게 그려진 벽지의 줄무늬가 보이지?

〈노란 등의자에 앉은 세잔 부인〉 세잔, 1890~1894년

언뜻 봐도 양쪽 끝이 직선을 이루지 않고 상당히 어긋나 있는 걸 알 수 있어.

실수가 아닐까요?

아니, 이건 실수가 아니야. 왜냐하면 심리학에 따르면 일상적인 지각에선 직선의 가운데를 물체로 가리면 선의 양쪽 끝이 서로 어긋나는 것처럼 보인다고 해.

말하자면 오히려 세잔이야말로 정확히 보았던 거지. 정말 놀라운 관찰력이지?

2장 인간의 조건 | 057

2장 인간의 조건

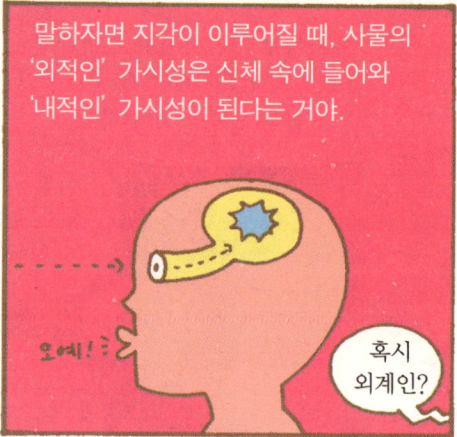

〈폭포〉 마그리트, 1961년

메를로-퐁티에 따르면

모든 회화는 우리 신체 속에서 일어나는 이 비밀스럽고 열광적인 사물의 발생을 탐구하는 것이다.

이 점에 관한 한 라스코 동굴벽화나 오늘날의 회화나 모두 똑같아. 세잔뿐 아니라 모든 회화는 인간과 자연의 원초적 만남인 지각의 체험이야.

2장 인간의 조건 | 063

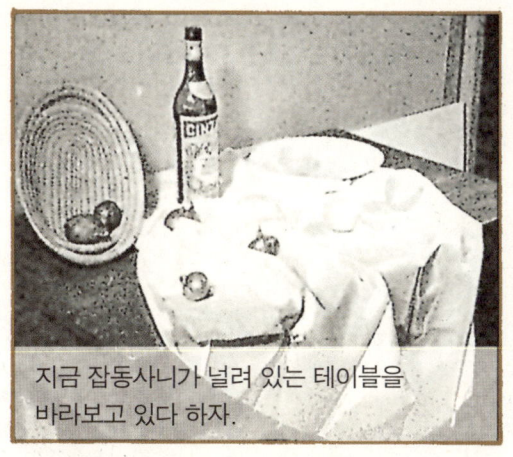

지금 잡동사니가 널려 있는 테이블을 바라보고 있다 하자.

〈정물의 모습을 찍은 사진〉

눈은 가만히 있지 않고 이리저리 움직일 것이다.

만약 눈동자의 움직임을 중단한다면, 즉 투시원근법에서 말하는 단 하나의 '시점'으로 바라본다면, 눈을 감은 뒤 테이블이 어떤 모양이었는지 잘 기억하지 못할 것이다.

뭘 봤는지 기억이….

눈은 끊임없이 움직이며 테이블 위를 관찰하고 그 시각 정보를 받아들여 뇌로 보낸다.

〈위 정물 사진의 포토 몽타쥬〉

뇌로 보내진 테이블 각 부분의 지각상은 아직 어지럽게 흩어져 있다. 마치 퍼즐을 맞추듯이, 당신의 뇌는 이 조각들을 뜯어맞추어 하나의 전체상을 만들어낸다.

하지만, 그 전체상은 아구가 잘 맞지 않을 거야. 세잔의 〈사과 바구니가 있는 정물〉을 볼까?

〈사과 바구니가 있는 정물〉 세잔, 1890~1894년

이 그림은 단 하나의 시점으로 그려진 게 아니야.

각 부분마다 시점이 다르지. 그러면서도 각 부분들은 교묘하게 서로 결합되어 있어.

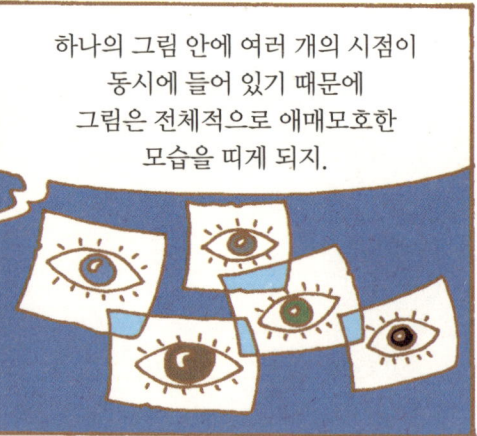

하나의 그림 안에 여러 개의 시점이 동시에 들어 있기 때문에 그림은 전체적으로 애매모호한 모습을 띠게 되지.

066 | 삼인삼색 미학 오디세이 2

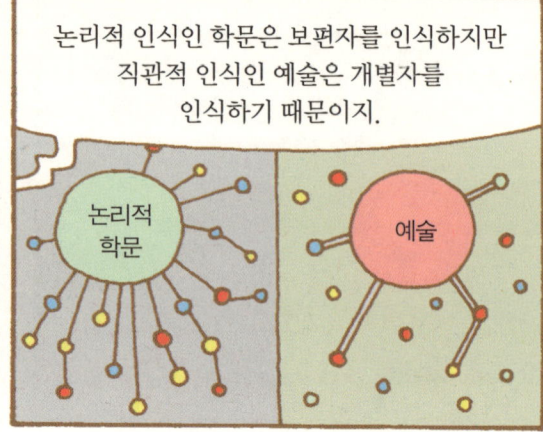

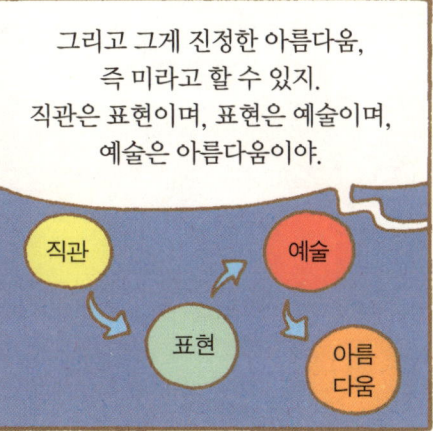

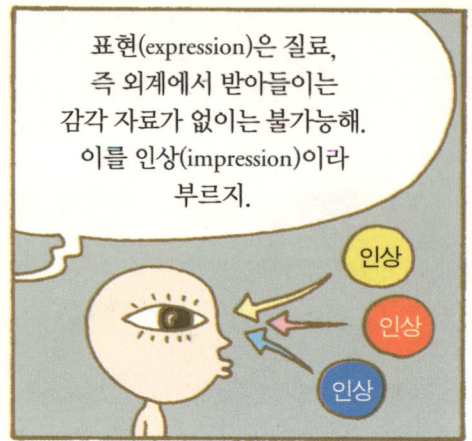

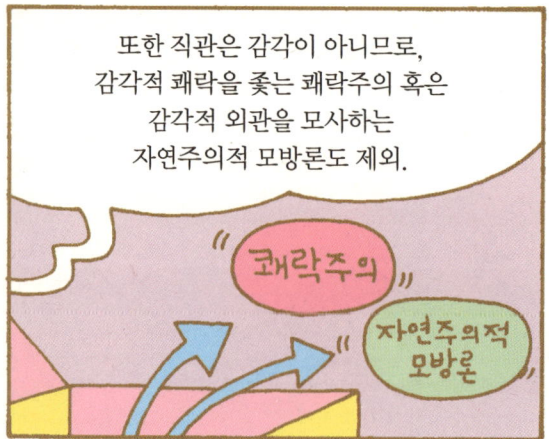

〈흰색 위에 2〉 칸딘스키, 1923년

신의 그림자

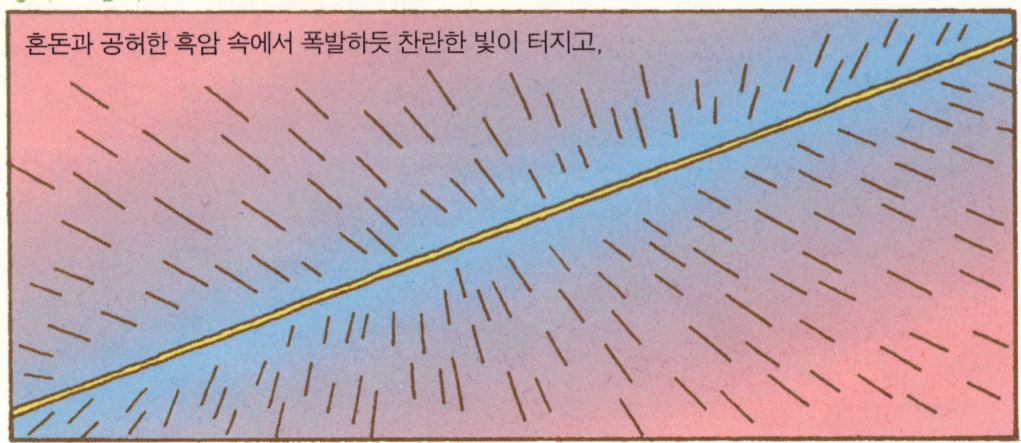
혼돈과 공허한 흑암 속에서 폭발하듯 찬란한 빛이 터지고,

푸른 물이 위로 치솟아
하늘이 되고,
하늘 아래의 물이
바다를 이루며

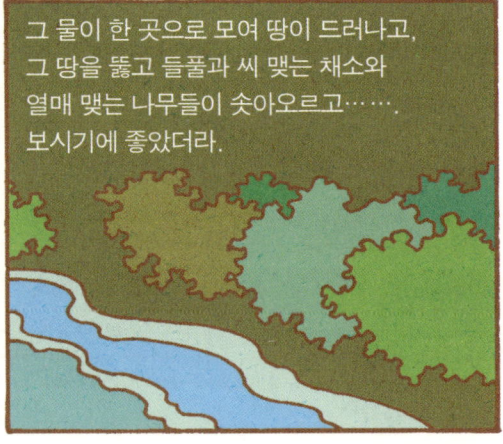
그 물이 한 곳으로 모여 땅이 드러나고,
그 땅을 뚫고 들풀과 씨 맺는 채소와
열매 맺는 나무들이 솟아오르고……
보시기에 좋았더라.

신이 세상을 창조하는 순간,
옆에서 그 광경을 지켜보고
있었다고 상상해봐.
얼마나 장엄하겠니?

성경을 기록한 사람은 이 구절을
왜 넣었을까? …보시기 좋았더라.

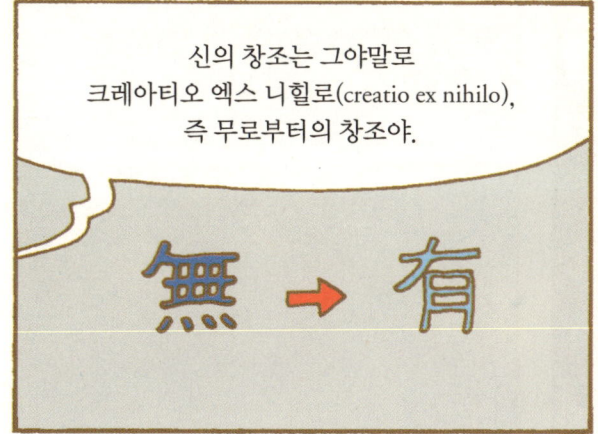

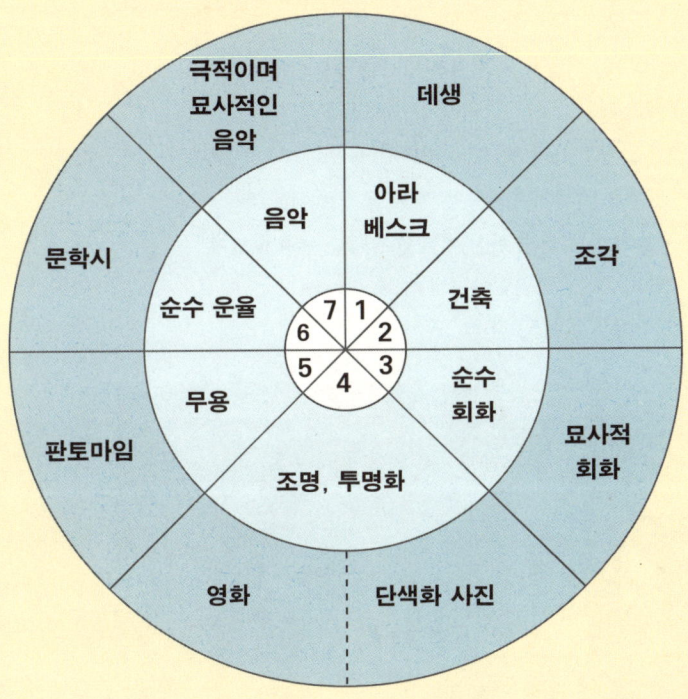

1. 선 2. 볼륨 3. 색 4. 빛, 영사 5. 동작 6. 분절화한 소리 7. 음악적 소리

수리오의 예술 분류
예술의 여러 장르를 체계적으로 분류할 수는 없을까? 왜 없겠는가. 여러 사람이 분류를 시도했는데 가장 유명한 것이 수리오의 동그라미 분류표다. 여기서 그는 작품의 4개의 존재층을 분류의 기준으로 삼고 있다.

> 폭포 옆에서

플라톤 〈폭포〉를 좀 보게. 뭐 이상한 거 없나?
아리스 어? 끝없이 돌고 도는군요.
플라톤 희한하지?
아리스 어떻게 저럴 수 있죠?
플라톤 뭘 새삼스럽게 놀라나? '이상한 고리'를 변형시킨 것뿐인데.
아리스 저게 뭘 나타낸 거죠?
플라톤 뭘 나타내긴, 그냥 그림일 뿐이야. 그냥 보고 즐기게나.
아리스 이 폭포를 만든 친구는 머리가 좀…….
플라톤 과연 그럴까? 사실 내가 자네를 이리 데려온 데에는 이유가 있어.
아리스 뭐죠?

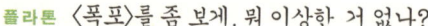

〈폭포〉에서, 1961년

대응설

플라톤 자넨 '진리'가 뭐라고 했지?

아리스 '진술'과 '사실'의 일치죠. 말하자면 내 말이 사실과 같으면 참이고, 아니면 거짓이고.

플라톤 그래? 저기 은행나무를 좀 보게. 무슨 색인가?

아리스 노란 색이죠.

플라톤 그렇겠지. 지금은 가을이니까. 하지만 난 그게 푸른 색이라 주장하겠네. 어쩔 텐가?

아리스 아니, 저게 왜 푸른 색입니까, 노란 색이죠.

플라톤 아니, 저게 왜 노란 색인가, 푸른 색이지.

아리스 눈이 나쁘시구요.

플라톤 자네야말로.

아리스 좀 똑똑히 보세요. 저게 어떻게 푸른 색입니까?

플라톤 좀 똑똑히 보게. 저게 왜 노란 색인가?

아리스 ???

플라톤 아무리 애써도 자넨 날 설득할 수 없어. 내 눈엔 죽어도 푸른 색으로 보이니까. 어쩔래?

아리스 참, 나 원……

합의설

플라톤 그게 바로 '진리대응설', 즉 진리를 '인식과 사물의 일치'로 보는 견해의 한계라네.

아리스 하지만 아직 길은 있습니다. 한번 길을 막고 물어봅시다. 누가 옳은지.

플라톤 물론 모두들 자네가 맞다고 하겠지. 하지만 난 끝까지 우기겠네.

아리스 어쩌시려구요.

플라톤 생각해보게. 진리는 다수결이 아니라네. 만약 진리가 다수결로 결정된다면, 중세 땐 태양이 지구를 돌고 있어야 하지 않겠나?

아리스 ……

플라톤 숫자에 밀려 다소 주눅이야 들겠지만, 그래도 그 교활한 갈릴레이는 여전히 이렇게 말할 걸세. "그래도 나무는 파랗다……"

아리스 ……

정합설

플라톤 이게 바로 '진리합의설'의 한계라네. 이제 두 손 들겠나?

아리스 아니죠. 아직 길은 남았습니다. 제가 저 나무가 노란색 임을 증명해 보이겠습니다.

플라톤 증명? 좋지. 어디 한번 해보게.

아리스 1) 가을이면 은행나무 잎이 노래진다. 2) 지금은 가을이다. 3) 고로 저 나무는 노랗다.

플라톤 훌륭해! 그게 뭐라 그랬더라……

아리스 '삼단논법'이라고 하죠.

플라톤 자네의 논증은 성공했어. 자네의 주장은 수미일관해. 논증에 사용된 두 개의 명제에서 논리적으로 도출되니까. '전건긍정식'이라던가?

아리스 예. 하지만 선생님의 주장은 위의 두 명제와 모순을 일으키게 되죠. 이제 항복하시겠습니까?

플라톤 아직. 나는 뻔뻔해. 수미일관하다고 다 참인가? 왜 거짓말은 수미일관하면 안 되는가?

아리스 예? 그게 무슨…….

플라톤 말하자면 자네 결론은 앞의 두 명제가 '참'일 때에만, 비로소 참이 될 수 있는 거야. 만약 두 명제 중 어느 하나가 거짓이라면, 자네 주장은 수미일관한 거짓말이 되는 거지.

아리스 그야 그렇죠.

플라톤 따라서 나를 설득하려면, 이제 자네는 논증에 사용된 두 명제가 '참'임을 입증해야 한다네. 난 여전히 이렇게 우길 거니까. 지금이 왜 가을이며, 왜 은행나무는 가을에 잎이 노래지며…….

아리스 …….

플라톤 이게 '진리정합설'의 한계라네. 논증의 타당성이 결론이 참이라는 걸 보장해주지는 못하니까. 어떤가? 결국 사람들 사이의 '합의'도, 명제들 사이의 '정합성'도 자네 주장이 진리임을 보장해주진 못해. 그럼 자네는 다시 '대응설'로 돌아가야겠지?

아리스 그럼 우리가 방금 지나왔던 길을 다시 밟아야 할 테구요.

플라톤 그렇지. 결국 저 폭포처럼 돌고, 돌고, 또 돌고…….

고리 밖으로?

아리스 저 '고리' 밖으로 벗어날 수는 없을까요?
플라톤 길이 있긴 하지.
아리스 어떤 길이죠?
플라톤 진리의 개념을 한번 바꾸어보는 거야.
아리스 어떻게요?
플라톤 생각해보게. 문제는 자네 의식 속의 '상'과 내 의식 속의 '상' 중에 어느 게 옳은가 하는 걸세. 하지만 어느 게 나무의 참모습과 일치하는지 알려면, 우리가 의식 '밖'으로 나가야 한다네.
아리스 하지만 그건 불가능하지 않습니까?
플라톤 물론이지. 하지만 존재가 우리의 주관적 의식의 굴레를 깨고 들어와, 자신의 참모습을 드러내는 경우가 있어.
아리스 저 '이상한 고리'를 뚫고 들어와 우리에게 모습을 드러낸다고요? 신비하군요.
플라톤 그렇다네. 감춰져 있던 존재의 비밀이 우리에게 열리는 것, 이게 바로 '진리'라고 보면 되지.
아리스 하지만 그게 과연 가능할까요?

〈뫼비우스의 띠 I〉에서, 1961년

아담의 언어

〈구두〉 고흐, 1886년

이 구두라는 도구의 밖으로 드러난 내부의 어두운 틈으로부터 들일을 하러 나선 이의 고통이 응시하고 있으며, 구두라는 도구의 실팍한 무게 가운데는 거친 바람이 부는 넓게 펼쳐진 평탄한 밭고랑을 천천히 걷는 강인함이 쌓여 있고, 구두가죽 위에는 대지의 습기와 풍요함이 깃들여 있다. 구두창 아래는 해 저물 녘 들길의 고독이 깃들여 있고, 이 구두라는 도구 가운데서 대지의 소리 없는 부름이, 또 대지의 조용한 선물인 다 익은 곡식의 부름이, 겨울 들판의 황량한 휴한지 가운데서 일렁이는 해명할 수 없는 대지의 거절이 동요하고 있다. 이 구두라는 도구에 스며들어 있는 것은 빵의 확보를 위한 불평 없는 근심과 다시 고난을 극복한 뒤의 말없는 기쁨과 임박한 아기의 출산에 대한 전전긍긍과 죽음의 위협 앞에서의 전율이다.

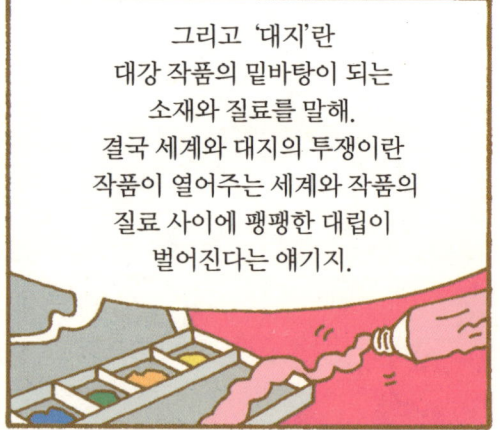

파르테논 신전, 기원전 447~438년

2장 인간의 조건 | 109

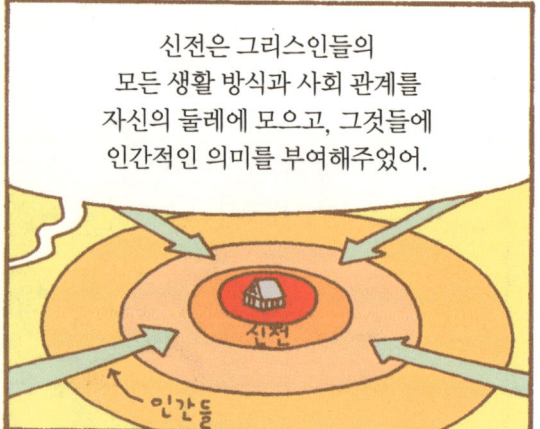

즉, 대지는 신전이 한무더기의 대리석으로 되돌아갈 때 설립되는 거야.

하나의 신전이 돌의 묵직함과 육중함으로……

하나의 동상이 청동의 견고함과 광택으로, 한 폭의 그림이 색채의 명암으로, 하나의 음악이 음향의 울림으로 되돌아갈 때,

이때 대지가 설립되지.

음…

〈턱수염이 난 노예〉(미완성) 미켈란젤로, 1530~1533년
대지와 세계의 투쟁은 균열을 낳고, 균열은 윤곽을 낳고, 윤곽은 형태를 낳는다. 하이데거가 좋아하는 언어 놀이. '윤곽'이라는 말의 원초적인 의미를 생생하게 되살려놓지 않았는가.

렘브란트의 자화상

호! 귀여운데?

니콜라이 하르트만에 따르면, 예술 작품은 우리를 위한(für) 존재, 우리에 대한(für) 존재야. 말하자면, 감상하는 우리가 없으면 〈자화상〉은 그냥 물질덩어리일 뿐이란 것이지.

〈자화상〉 렘브란트, 1633년

그러니까 지각하고 관조하는 활동이 있을 때에만, 비로소 예술 작품은 '작품'으로 성립한다고 할 수 있다는 거군요?

흠, 그 얘긴 예술 작품이 우리 머릿속에 들어 있단 얘기로 들리네?

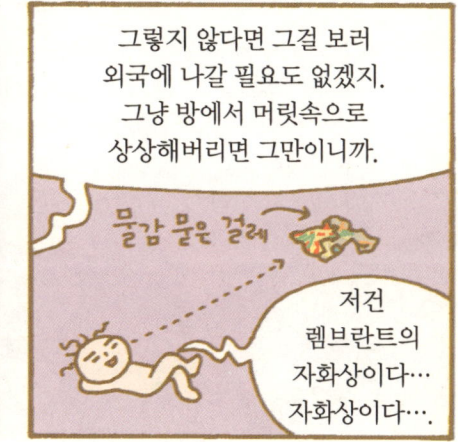

〈야경〉 렘브란트, 1642년

하지만 위의 작품을 봐. 여기엔 강렬한 명암 대비가 있어.

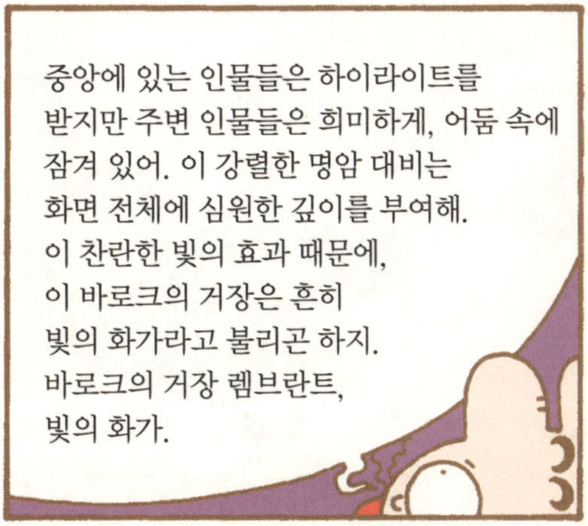

중앙에 있는 인물들은 하이라이트를 받지만 주변 인물들은 희미하게, 어둠 속에 잠겨 있어. 이 강렬한 명암 대비는 화면 전체에 심원한 깊이를 부여해. 이 찬란한 빛의 효과 때문에, 이 바로크의 거장은 흔히 빛의 화가라고 불리곤 하지. 바로크의 거장 렘브란트, 빛의 화가.

2장 인간의 조건

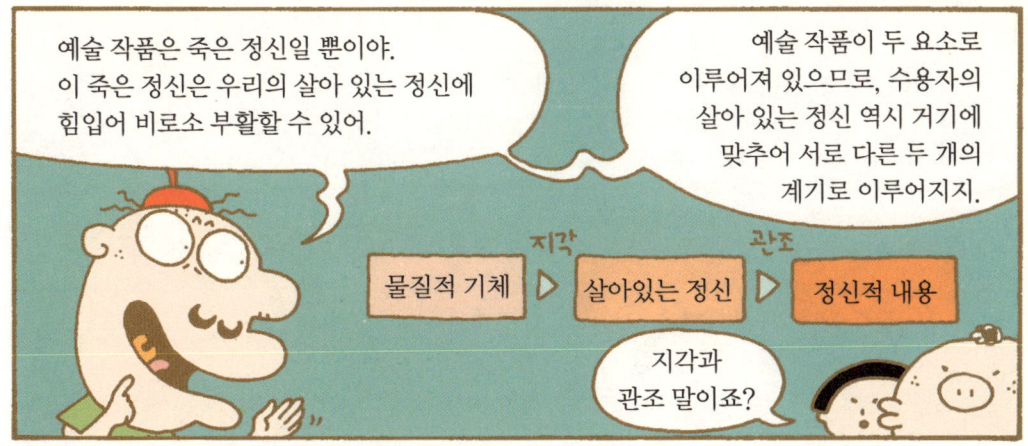

〈자화상〉 렘브란트, 1642년

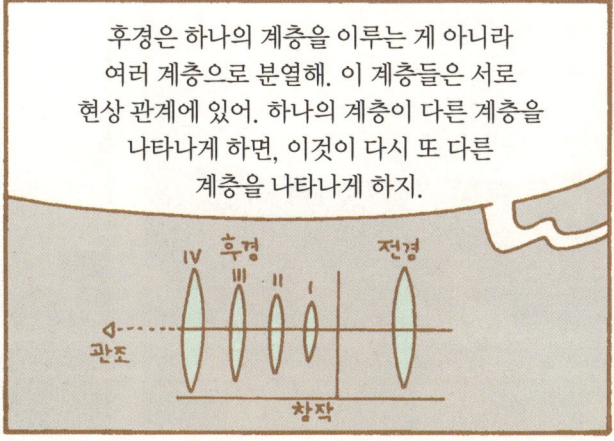

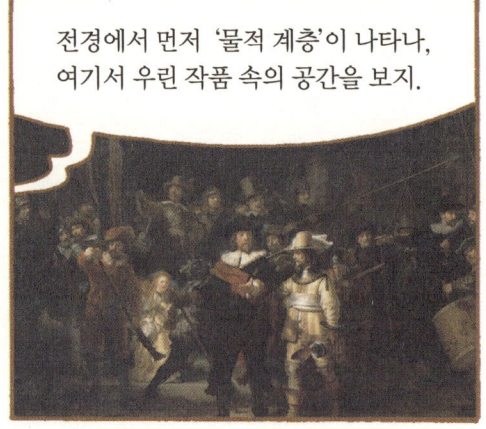

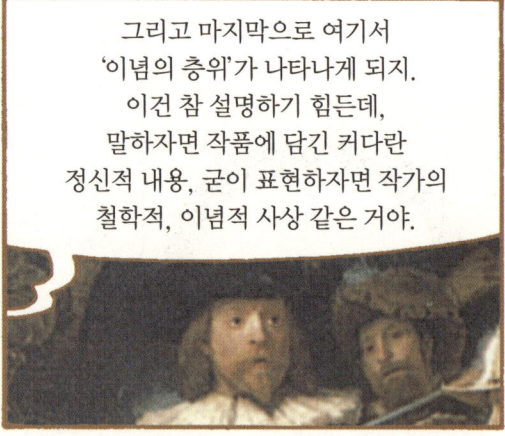

가볍게 다문 입가에 어린 담담한 표정이 인상적이지. 이게 바로 생명의 계층이야.

이 외면적 모습에서 다시 그의 내면적 면모가 드러나지. 가령 그의 정신과 성격, 성공과 실패, 그리고 운명 같은 거 말이야.

물론 이런 게 직접 눈에 보이는 건 아니고…….

화가의 길을 가느라 물려받은 재산을 탕진한 이 고집불통의 노인네에겐 이제 가진 거라곤 붓 몇 자루밖에 없지.

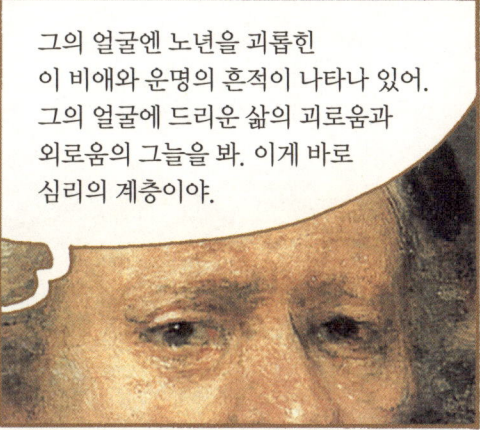
그의 얼굴엔 노년을 괴롭힌 이 비애와 운명의 흔적이 나타나 있어. 그의 얼굴에 드리운 삶의 괴로움과 외로움의 그늘을 봐. 이게 바로 심리의 계층이야.

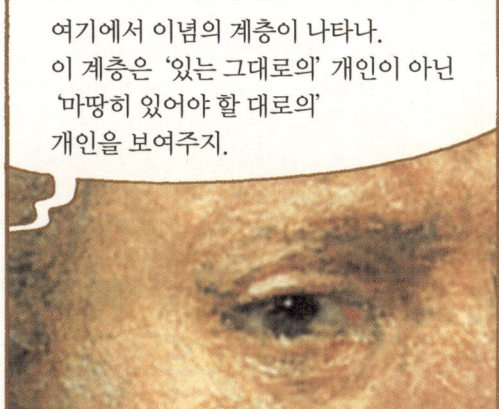
여기에서 이념의 계층이 나타나. 이 계층은 '있는 그대로의' 개인이 아닌 '마땅히 있어야 할 대로의' 개인을 보여주지.

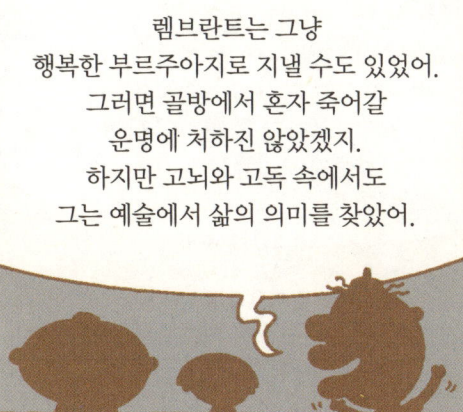
렘브란트는 그냥 행복한 부르주아지로 지낼 수도 있었어. 그러면 골방에서 혼자 죽어갈 운명에 처해지 않았겠지. 하지만 고뇌와 고독 속에서도 그는 예술에서 삶의 의미를 찾았어.

2장 인간의 조건 | 135

4성 대위법

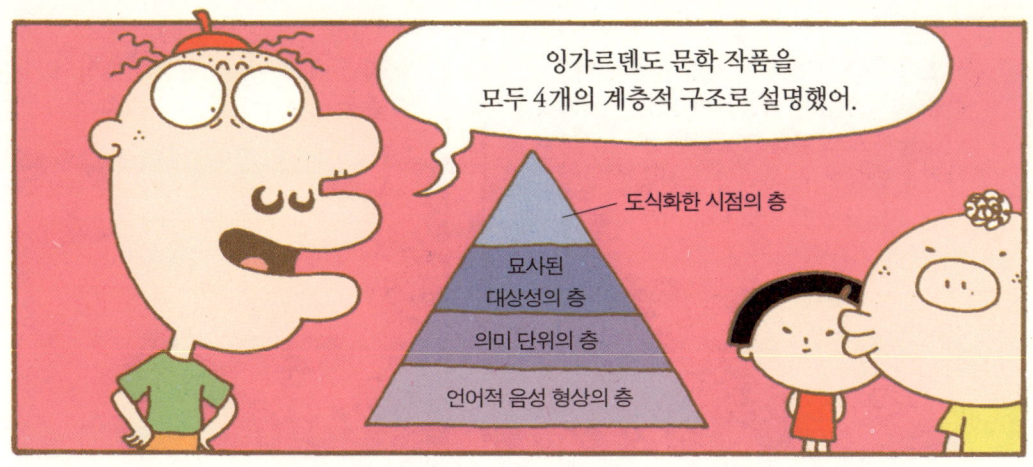

잉가르덴도 문학 작품을 모두 4개의 계층적 구조로 설명했어.

- 도식화한 시점의 층
- 묘사된 대상성의 층
- 의미 단위의 층
- 언어적 음성 형상의 층

첫번째 층은 '언어적 음성 형상의 층'이야. 언어 음성이란 의미를 담는 그릇을 말해. 가령 라틴어 'Amo'라는 음향은 '사랑해'란 의미를 담는 그릇이야. 언어 음성은 문학 작품의 단단한 겉껍질을 이루지.

두번째 층은 '의미 단위의 층'으로, 이 층위는 전체 작품의 구조적 골격이 되는 가장 중요한 계층이야. 무의미한 음향들은 여기서 비로소 의미를 지닌 문장들로 태어나지. 이게 없으면 작품은 아예 존재할 수 없어.

하긴. 문장으로 되어 있지 않은 이야기는 없으니까요.

호! 오잉?

의미 단위(문장)들은 작품 속에 등장하는 인물과 사물, 그 속에서 벌어지는 사건을 기획해. 물론 문학 작품 속의 문장은 진짜 판단이 아니라 의사 판단이지만. 문장이 기획하는 사건은 실재하는 게 아니니까.

〈무대 위의 무희〉 드가, 1876~1878년

무용수의 머리 부분이 보이지? 거기엔 이미 시점이 내포되어 있어.

그걸로 우리는 이미 그림이 위쪽에서 바라본 모습이란 걸 알 수 있지.

이렇게 시점이 확보되면, 이제 묘사된 대상들은 미리 규정된 질서에 따라 나타나. 시점이 있으므로 해서 묘사된 개개의 대상들이 비로소 통일적인 질서를 이루며 우리 눈에 들어오는 거야.

호!

2장 인간의 조건 | 141

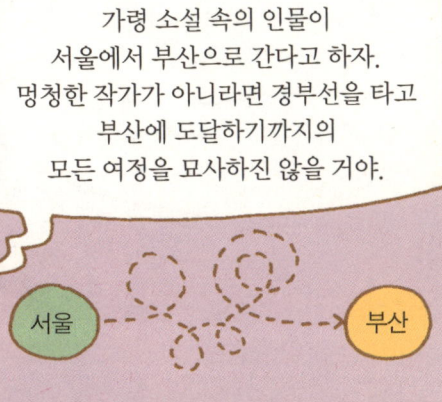

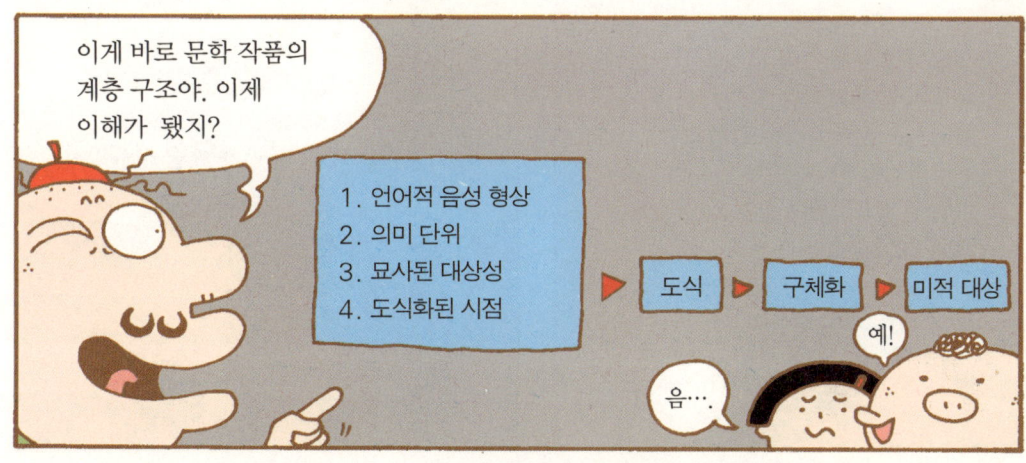

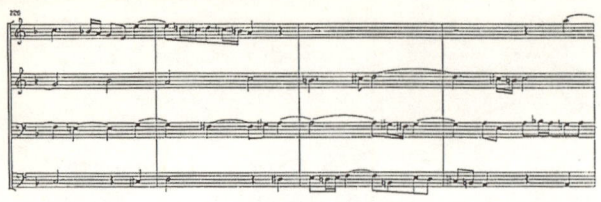

손으로 쓴 이 악보의 오리지널 수고에 그의 둘째 아들은 이렇게 써놓았지.

이 푸가가 흘러가다 바흐의 이름이 대위 주제(Gegenthema)로 도입되는 지점에서 이 작곡가는 운명했다.

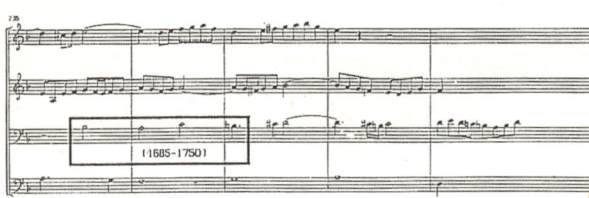

〈바흐의 에피탑〉

그게 무슨 뜻이죠?

악보에 박스로 표시되어 있는 곳이 바로 바흐의 이름이 도입되는 지점이야.

와! 박스 속의 네 음을 알파벳으로 읽으니까 B-A-C-H, 바흐가 되는군요!

그는 이 작품을 끝내 완성하지 못하고 바로 이 부분까지 쓰고 숨을 거두었어. 그래서 이 악보는 그의 묘비명이 되었단다.

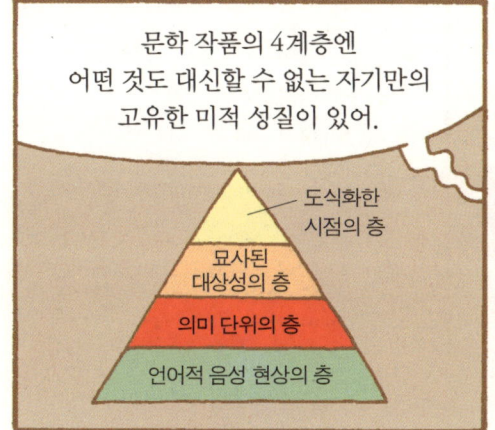

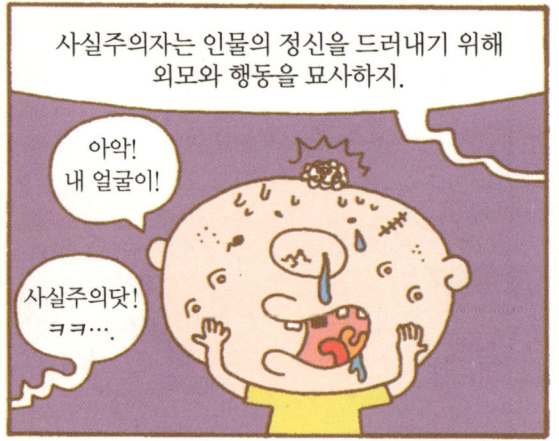

드가의 그림은 위에서 내려다본 대담한 구도로 사물을 신선한 각도에서 보여줘. 시점의 미적 성질이 가장 잘 드러나는 건 아마 예술 사진일 거야.

앵글을 어떻게 잡느냐가 미적 가치를 판가름하니까.

마지막으로 묘사된 대상의 층. 앞의 세 층은 결국 이 계층을 드러내는 데 봉사하므로, 이 세번째 층을 마지막으로 돌렸지.

이 세 층이 협동해서 묘사된 세계를 구성하면, 거기서 형이상학적 특질들이 드러나. 가령 숭고한 것, 무서운 것, 충격적인 것, 거룩한 것, 기괴한 것 등 우리 존재의 깊은 곳에서 흘러나오는 것들 말이야.

각 계층의 미적 성질은 각자 어느 것도 대신할 수 없는 제 목소리를 가지고 있지.

그러면서도 동시에 매순간 이 4개의 목소리는 서로 어울려서 아름다운 화음을 만들어내. 어때, 이제 들려?

화랑에서

판화 화랑

아리스 이 작품 좀 보시죠. 저 안에 사람이 하나 있죠?
플라톤 그런데? 그림을 보고 있군.
아리스 그 그림을 보시죠. 액자의 한쪽 끝이 휘어지면서 점차 넓어져, 결국 그걸 바라보는 자까지 집어삼키게 됩니다.
플라톤 신기하군. 그런데 이건 뭘 나타낸 거지?
아리스 뭘 나타내긴요, 그림일 뿐이죠. 그냥 보고 즐기십시오.
플라톤 하지만 자네가 날 이리로 데려온 데엔 이유가 있겠지?
아리스 어떻게 아셨죠?
플라톤 다 아는 수가 있지. 어디 얘기해보게.

〈프린트 갤러리〉에서, 1956년
인간은 세계 속의 존재?

세계 – 속의 – 존재

아리스 그림 속의 저 친구가 우리고, 또 그 녀석이 바라보고 있는 그림이 '세계'라고 생각해봅시다. 그럼 저 그림은 '세계를 바라보는 우리가 사실은 세계의 일부다'라는 뜻이 되겠죠?

플라톤 그런데?

아리스 우리 인간은 저 친구처럼 세계 속에 던져져 있죠. 하이데거에 따르면, '세계 – 속의 – 존재'라나요? 따라서 세계에 대한 우리의 지식은 언제나 세계 속에 있는 지식 체계나 가치관에 물들어 있기 마련이죠.

플라톤 세계를 '있는 그대로' 볼 수 없단 얘긴가?

아리스 바로 그겁니다. 우린 단지 세계 속에서 배운 대로 볼 뿐이죠.

플라톤 그런 거 머릿속에서 싹 지워버리고, 그냥 '맨눈'으로 보면 안 되나?

아리스 그게 가능할까요?

플라톤 못할 것도 없지.

선입관

아리스 그럴까요? 저는 저 그림을 인간이 처한 '해석학적 상황'의 묘사라고 해석합니다.

플라톤 그럴 듯한 해석이야. 그런데?

아리스 하지만 이건 순전히 제 해석이고, 사람들은 이걸 다르게 해석할 수도 있겠죠?

플라톤 물론이지. 사실 에셔(M. C. Escher, 1898~1972)가 해석학을 공부했다는 얘긴 못 들었거든. 에셔는 별 생각 없이 그냥 장난으로 그렸을지도 모르지.

아리스 맞습니다. 어쩌면 제 해석은 선입관에서 비롯됐는지도 모릅니다. 여기 이 장면에 나오려고 제가 최근에 해석학 책을 몇 권 읽어두었거든요.

플라톤 어쩐지. 거기서 주워들은 얘기를 저 그림에 두들겨 맞추었단 말이지?

아리스 그런 셈이죠. 그러니 선생님께선 선입관에 물들지 않은 깨끗한 '맨눈'으로 저 그림을 좀 봐주시죠.

맨눈으로 바라본 세계

플라톤 그러지. 어디 보자. 저건 말야, 혹시 정신착란증 환자가 바라본 세계를 그린 게 아닐까?

아리스 글쎄요. 선생님은 지금 '맨눈'으로 세계를 보는 게 아닙니다. 선생님의 선이해(先理解)를 머릿속에서 모두 지우셔야죠. 선생님은 이미 '정신착란증'이 뭔지 알고 계시잖습니까. 그것도 지우셔야죠.

플라톤　그런 식으로 지우면 도대체 무슨 얘길 할 수 있단 말인가?

아리스　바로 그겁니다. 만약 우리가 세계에서 배운 모든 것을 지운다면, '객관적으로'는 고사하고, 우린 아예 세계를 이해할 수 없게 됩니다. 가령 우리 망막에 맺힌 상이 '사람'이라는 것도, 저 친구가 바라보는 게 '예술 작품'이라는 것도, 저기가 '화랑'이라는 것도, 나아가 저 친구가 그림을 보러 화랑에 온 문화적 맥락도 알 수 없게 되는 거죠.

플라톤　그런가?

아리스　아니, 어쩌면 우리는 그 이전에 저 그림에서 3차원 공간을 보는 것조차 포기해야 할지도 모릅니다. 사실 2차원의 평면을 3차원 공간으로 '이해'하는 것도 우리가 오랜 기간에 걸쳐 알게 모르게 습득해온 거니까요.

플라톤　???

여러 개의 세계

아리스　결국 선입관(선이해)이 없으면 우리는 아예 세계를 볼 수가 없게 되죠.

플라톤　세계 속에서 배운 방식대로 세계를 본다?

아리스　물론이죠. 그걸 해석학에선 '지평'이라 부릅니다. 우리가 어떤 사물을 이해하려면, 그걸 지평 위에 올려놓아야 합니다. 지평이 없으면, 우린 아예 사물을 이해할 수 없게 되죠.

플라톤　하지만 그 지평이란 건 시대마다 달라지지 않나?

아리스　물론이죠. 시대가 바뀌면 지평도 바뀌고, 그럼 세계를 다른 모습으로 보게 되니까요.

플라톤　그럼 세계가 여러 개란 얘긴가? 가령 그렇게 시대마다 달라지는 세계를 $W_1, W_2, W_3 \cdots\cdots$이라 하세. 이 중 어느 게 세계의 올바른 모습인가?

아리스　물론 다죠. 저마다 다른 지평으로는 볼 수 없는 모습을 밝혀주니까요. 주사위의 육면을 돌아가면서 보여준다고나 할까요?

플라톤　하지만 그건 아주 행복한 경우고, 그보다 더 불행한 경우도 있지 않겠나?

아리스　무슨 말씀이죠?

플라톤　한번 생각해보게. 중세인들의 지평에서 바라본 세계에선 태양이 지구를 돌고 있었다네. 하지만 이 시대의 지평에서 바라보면 거꾸로지. 그럼 이 두 가지 세계가 모두 옳단 얘긴가? 태양은 지구를 돌고, 동시에 지구는 태양을 돈다?

아리스　???

이상한 고리

플라톤 지평과 이해가 '폐쇄회로'를 이룬다면, 이 회로를 순환한다고 이해가 풍부해질 수 있을까? 결국 회로 밖에서 안으로 들어오는 게 있다는 걸 인정해야 하지 않을까?

아리스 물론이죠. 저도 외부입력을 인정합니다. 하지만 외부에서 입력되는 자료를 '맨눈'으로 볼 수는 없죠. 우린 그걸 지평 위에 올려놓고, 지평에 맞게끔 재단을 하는 겁니다. 마치 서랍에 서류를 집어넣고 밖으로 삐져나온 걸 가위로 싹둑…….

플라톤 하지만 자넨 지평이 시대마다 달라진다고 했잖나. 어떻게 그런 일이 있을 수 있지?

아리스 개별적 이해가 쌓이고 쌓여 지평의 변화를 낳는 거죠.

플라톤 그래? 개별적 이해는 지평을 결코 벗어날 수 없다며? 어떻게 지평을 벗어날 수 없는 이해들이 모여 지평을 변화시킨단 말인가?

아리스 그런가요?

플라톤 따라서 지평이 변화한다는 것은, 곧 '지평을 반박하는 이해'도 있을 수 있다는 얘기가 아닐까? 안 그런가?

아리스 그렇겠죠.

플라톤 결국 자네는 자네 얘기를 스스로 반박하는 셈이지. 모든 이해는 지평에 따라 이루어진다. 하지만 지평을 반박하는 이해도 있다?

아리스 …….

화랑 밖으로

플라톤 이제 나갈까?

아리스 어떻게 나가죠?

플라톤 무슨 소리, 문으로 나가면 되지…….

아리스 그림을 바라보는 우리가 사실은 저 그림의 일부인걸요?

플라톤 말도 안 되는 소리. 우린 좀 전엔 분명히 화랑 밖에 있었어. 밖에서 안으로 들어올수 있다면, 왜 안에서 밖으로 나갈 수 없겠나.

아리스 하지만 그게 과연 가능할까요? 우리는 '그림 속의 존재'라는데…….

플라톤 어쩌면 바로 거기에 출구가 있는지도 모르지. 자, 이제 쓸데없는 소리 말고 출구나 찾아보게.

놀이와 미메시스

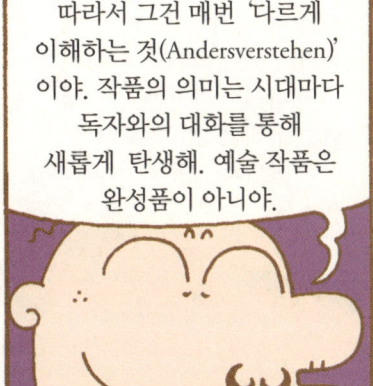

윌리엄 터너(William Turner, 1775~1851)는 안개 낀 바다 풍경을 묘사하기로 유명하지.

당시의 사람들에게 안개는 무심코 지나치는 하찮은 존재, 혹은 생활을 불편하게 하는 귀찮은 존재일 뿐이었어.

〈안개 속의 해돋이〉 터너, 1806년

〈게르니카〉 피카소, 1937년

여러 개의 시점에 의해 대상이 조각조각 잘려, 도대체 뭘 재현하는지 알기 힘들지.

하지만 이것조차도 파편화된 현대 세계와, 소비를 위한 생산에서 비롯된 대상의 통일성의 파괴를 재현하는 거야.

어쨌든 예술을 진리와 연결시키는 건, 곧 예술을 인식으로 보는 거랑 같아. 가다머는 예술적 인식을 플라톤을 따라 '상기(anamnesis)'로 설명하고, 아리스토텔레스를 따라 '재인식(anagnorisis)'으로 규정했지.

2장 인간의 조건

터너의 그림을 통해 우린 안개의 새로운 모습을 보고, 인상파의 회화를 통해 대상과 빛에 대한 새로운 이해 방식을 배우며,

입체파의 회화를 통해 파편화된 현대 세계를 경험하지.

이렇게 예술 속에서 우리는 현실의 잡다한 사물들 속에 감추어진 사물의 참모습을 본단다. 마치 플라톤이 이 세상의 사물을 보고 그것들의 이데아를 떠올리는 것처럼……

하지만 문득 우리는 그것들이 사실 우리가 늘상 보아왔던 바로 그것임을 깨닫게 돼. 이미 우리가 알고 있던 걸 새롭게 인식한 거지.

그런 의미에서 예술은 '재인식'이야.

아리스토텔레스는 비극을 모방으로 보고, 모방의 본질을 '재인식'의 쾌감으로 설명했지. 하지만 재인식의 즐거움은 이미 알고 있던 걸 다시 한 번 확인하는 데 있는 게 아니라, 그 이상의 무언가를 새로 아는 데 있어.

가령 오이디푸스 왕의 얘기는 그리스인이라면 누구나 다 알고 있었지. 그럼에도 소포클레스의 《오이디푸스》를 다시 본 것은 거기서 뭔가를 배울 수 있었기 때문일 테고.

관객들은 아마 맹목적인 삶에서 벗어나 자신의 삶을 되돌아보게 되었을 거야. 일종의 자기인식이지.

저 운명이 바로 나의 운명이로구나.

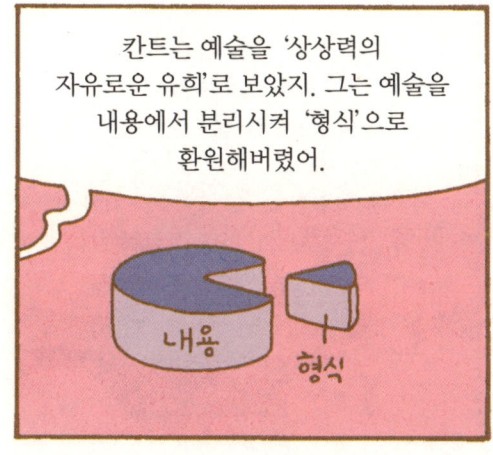

내포된 독자

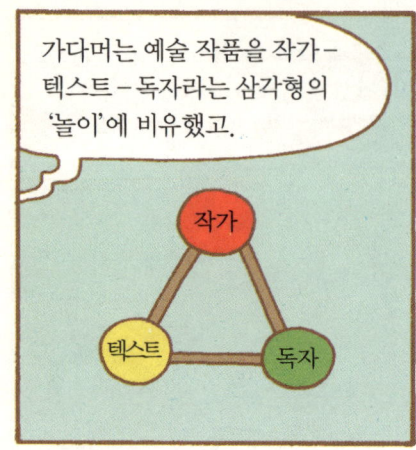

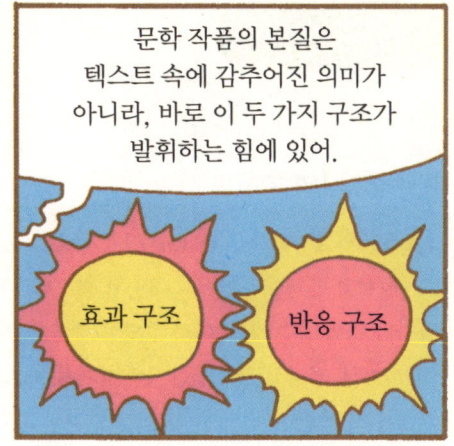

정신병원에서

철학은 정신병?

루드비히 비트겐슈타인(Ludwig J. J. Wittgenstein, 1889~1951)이란 철학자가 있었다. 그는 철학적 문제들은 언어의 사용법을 오해한 데서 생긴다고 믿었다. 말하자면 착각에서 비롯된 '사이비 문제'라는 거다. 따라서 만약 애매모호한 일상언어 대신에 의미가 분명한 인공언어를 만들어 사용한다면, 철학적 문제들은 아예 제기될 수조차 없다는 거다. 이렇게 그는 철학적 문제를 '해결'하는 게 아니라 아예 '해소, 해버리려고 했다.

이 생각은 뒤에 '논리실증주의'라는 흐름을 낳는데, 이들은 '검증 가능성'이란 기준을 갖고 철학에서 검증할 수 없는 명제들을 모두 제거하려 했다. 그런 명제들은 언어의 용법을 착각한 '헛소리'다. 말할 수 없는 것, 검증할 수 없는 것에 대해 우린 침묵해야 한다. 전통적 형이상학은 이를 무시했기 때문에 생긴 일종의 정신병이다. 이걸 치료하려면 유리처럼 맑고 명확한 인공언어를 만들어, 병의 원인인 일상언어의 애매함을 제거해야 한다. 그럼 철학은 제정신이 들 거다.

접수실에서

플라톤 난 멀쩡한데?

닥터 자기가 미쳤다고 하는 정신병자도 있습니까?

플라톤 도대체 내가 왜 미쳤다는 거지?

닥터 저 하늘에 뭐가 있다고 하셨죠?

플라톤 이데아의 세계.

닥터 검증할 수 있습니까?

플라톤 검증? 그런 건 천박한 영혼에게나 필요한 거야. 이데아의 세계는 마음의 눈으로 보는 거니까.

닥터 마음의 눈? 결국 검증할 수 없다는 얘기죠?

플라톤 더 정확히 말하면, 검증 따위는 필요 없단 얘기지.

닥터 결국 그게 그거 아닙니까. 중증이군요. 따라오시죠.

병실을 지나며

플라톤 어쩌겠다는 얘긴가?

닥터 선생의 병을 말끔히 고쳐드리죠.

플라톤 어떻게?

닥터 선생의 증상은 잘못된 언어습관에서 비롯된 겁니다. 그러니 그 언어습관만 고치면, 헛소리를 하는 증상도 없어지게 될 겁니다.

플라톤 기가 막히는군.

닥터 이제 언어치료실에 가면 새로 들어온 최신 언어교정기가 있습니다. 꾸준히 교정을 받으시면, 머잖아 선생의 증상은 깨끗이 사라질 겁니다.

플라톤 ICU? 저 방은 뭐하는 덴가?

닥터 중환자실입니다. 치료하기 까다로운 환자들만 모이는 곳이죠.

플라톤 저 친구는 어디서 본 듯한데?

닥터 하이데거라는 친군데, 저렇게 종일 사전만 들여다보며 지낸답니다.

플라톤 왜?

닥터 말 속에 존재가 들어 있다나요? 저렇게 사전에서 어원을 찾아내, 그걸로 그럴 듯하게 설을 푸는 게 저 친구의 증상이죠.

파동방정식

에르빈 슈뢰딩거(Erwin Schrödinger, 1887~1961)의 '파동방정식'이다. 이렇게 숫자와 기호로 표시된 언어를 '인공언어'라 한다. 우리의 일상언어는 한번에 여러 가지 뜻을 갖고 있어 혼란을 낳는다. 때문에 자연과학에선 이런 식으로 인위적으로 만든 형식언어를 사용한다. 여기서 모든 숫자와 기호는 분명하게 정해진 의미를 갖고 있어, 애초에 혼란을 낳을 소지가 없다. 논리실증주의자들은 이런 언어로 이루어진 철학을 꿈꾸었다. 그럼 최소한 헛소리는 안 할 테니.

진단기 앞에서

플라톤 이건가?

닥터 예. 그쪽에 앉으시고, 스크린을 보시죠.

플라톤 그러지. 다음엔?

닥터   하고 싶은 말을 자판으로 두들기는 겁니다. 그럼 기계가 다 알아서 선생의 증상이 얼마나 심한지 진단을 해줍니다.

플라톤   그래?

닥터   검사가 끝나면 결과를 숫자로 표시해주기도 하죠.

플라톤   신기한 기계군. 원리가 뭔데?

닥터   우리 일상언어는 애매모호해서, 대개 한 단어가 동시에 여러 가지 뜻을 갖고 있죠. 거기서 언어의 혼란이 생기는 겁니다.

플라톤   그런데?

닥터   하지만 이 기계가 사용하는 언어에선 모든 단어가 딱 한 가지 뜻만 갖습니다. 그러니 애초에 혼란이 생길 여지가 없죠.

플라톤   재미있군. 한번 해볼까?

〈알렉산더의 노동〉
마그리트, 1967년

알렉산더의 노동

하지만 인공언어는 어떻게 의미를 갖는가? 가령 $E=MC^2$을 보자. 이 공식은 그 자체로선 아무 의미도 없다. 이게 의미를 가지려면 번역이 되어야 한다. 가령 여기서 E는 에너지, m은 질량, c는 광속도다. 기호들은 이렇게 물리학의 개념들로 번역된다. 다시 묻자. 그럼 에너지는 뭐고, 광속은 뭘까? 사전을 찾아보면 된다. 에너지란 '~다'. 물론 이 따음표 안은 결국 일상언어들로 채워져야 한다. 이렇게 끝없이 물어 보라. 결국 인공언어는 학술 용어에, 이는 다시 애매하기 그지없는 일상언어에 뿌리박고 있음이 드러난다. 인공언어도 의미를 가지려면 결국 자연언어로 번역되어야 한다. 안 그러면 이해 할 수가 없다. 도끼는 나무를 베려고 했다. 하지만 도끼가 나무를 벤다면, 도끼는 나무의 뿌리 밑에 늘려 있을 수 없다. 벤 나무는 자랄 수 없고, 자랄 수 없는 나무가 도끼를 휘감을 순 없으니까. 이건 모순이다. 인공언어를 가지고 자연언어를 베어내려는 꿈도 결국 이렇게 자기 모순에 빠져 있는 게 아닐까?

다시 진료실

플라톤   검사 결과 나왔나?

닥터   그게 좀…….

플라톤   왜, 잘 안 됐나 보지?

닥터   기계가 고장이 난 모양입니다.

플라톤   유감이군. 왜 그런지 알겠나?
닥터   글쎄요. 전압이 불규칙해서 그런가?
플라톤   멍청하긴. 생각해보게. 언어를 분석해서, 단어의 뜻을 일률적으로 명확히 정의한다 하세. '가령 X는 Y다' 라고 자네가 아무리 용을 써도, 정의항(Y)엔 언제나 정의되지 않은 단어가 포함되기 마련이지. 이제 퇴원해도 되겠지?
닥터   아니죠. 치료기가 고장났다고 선생의 헛소리 증상이 없어진 건 아니니까요.
플라톤   이 친구, 생사람 잡겠구먼. 이 병원엔 규칙도 없나?

검증 가능성

논리실증주의자에 따르면, 의미 있는 명제는 두 가지뿐이다. 하나는 동어반복인 명제. 가령 "삼각형은 뿔이 세 개다." 이 명제는 필연적으로 참이다. 왜냐하면 '뿔이 세 개'라는 건 이미 삼각형의 개념 속에 포함되어 있기 때문이다. 또 하나는 검증 가능한 명제. 가령 "피사의 사탑에서 공을 떨어뜨리면 공은 9.8m/sec의 속도로 낙하한다." 이 명제는 검증 가능하다. 공을 떨어뜨리고 시간을 재면 되니까. 하지만 플라톤이 말하는 '이데아 세계'가 있는지 없는지는 검증 불가능하다. 그걸 어떻게 안단 말인가? 직접 죽어보기 전엔. 논리실증주의에 따르면 이런 명제는 참도 거짓도 아니다. 그냥 헛소리일 뿐이다.

자기를 베는 도끼

닥터   이 기준에 따르면, 선생은 여전히 정신병자인 셈이죠.
플라톤   재미있군. 하지만 생각해보게. 자네들의 기준은 결국 이거 아닌가. '유의미한 명제는 동어반복이거나 검증 가능한 명제다.'
닥터   exactly!
플라톤   하지만 '유의미한 명제가 검증 가능해야 한다'는 그 명제 말일세. 이 명제는 동어반복인가?
닥터   아니죠.
플라톤   그럼 검증 가능한가?
닥터   그것도 아니죠.
플라톤   결국 자네들의 규칙도 '헛소리' 아닌가.
닥터   …….
플라톤   그럼 자네부터 이 병원에 입원해야 마땅하지 않겠나? 닥터 비트겐슈타인!

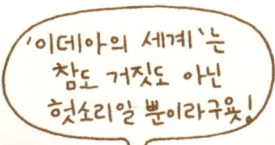

〈꿈의 열쇠〉 마그리트, 1936년
말과 사물은 어떻게 연결되어 있을까?

하지만 이 모든 '게임들'에 공통된 특징이 있을까? 아마 없을 거야. 두 편으로 나누어 승부하는 것? 그럼 마라톤은 게임이 아닌가?

그럼 말과 사물은 도대체 어떻게 연결되어 있을까? 또 다른 예를 들어보자.

여기 어느 가족이 있다.

2장 인간의 조건

〈L.H.O.O.Q.〉 뒤샹, 1920년

이건 뒤샹의 작품(?)이야.

콧수염이 J선생님이랑 비슷해!

그는 레오나르도 다빈치의 〈모나리자〉에 콧수염을 그려넣고, 거기에 〈L.H.O.O.Q.〉라는 제목을 붙였지.

그 글자를 프랑스어 발음에 따라 '엘아쇼오퀴'로 읽으면 이런 문장과 발음이 같아져.

Elle a chaud au cul = 그녀의 엉덩이가 뜨겁다.

'말놀이'를 하려면 다양한 상황 속에서 말의 용법을 배워야 해. 하지만 말의 용법을 결정하는 것은 사회적 관습이야.

결국 말에 의미를 부여하는 건 말의 용법에 관련된 관습이란 얘기가 되지. 어쩌면 '예술'이란 말의 의미도 마찬가지일지 몰라. 오늘날 '예술'이라는 말의 의미도 순전히 관습(코드)의 문제가 되었으니까.

관습이라….

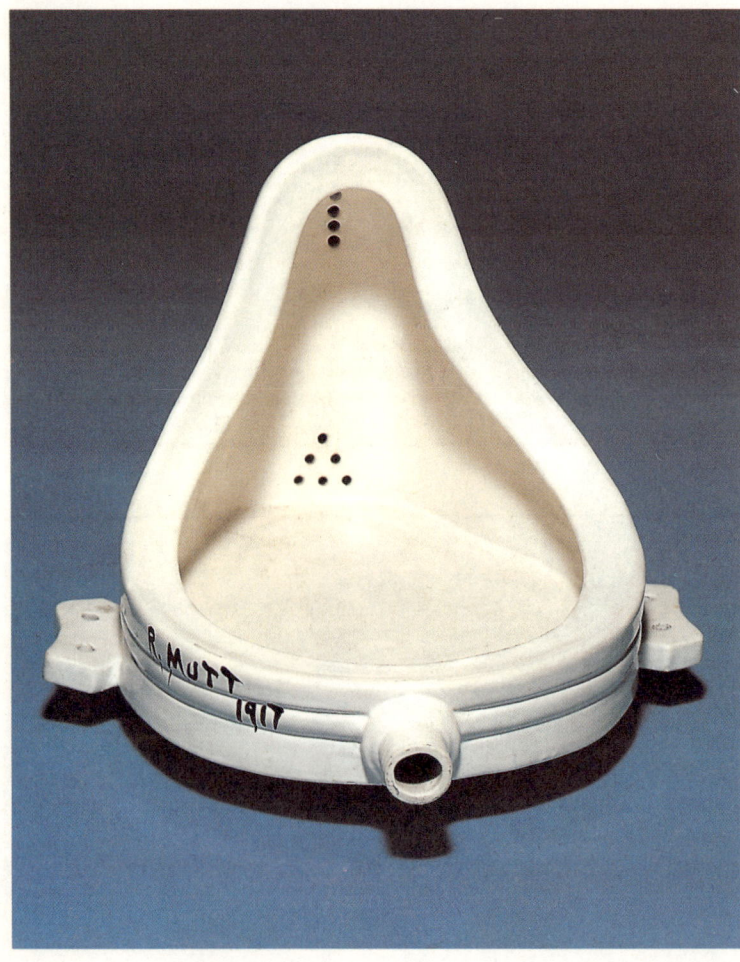

〈샘〉뒤샹, 1917년
다다는 예술과 현실의 경계를 없애버렸다. 독일의 화가 슈비터스는 "예술가가 뱉어놓은 모든 것은 예술이다"고 말했다.
그럼 예술가는?
물론 예술을 뱉어내는 사람.
다시 예술은?
예술은 예술가를 낳고
예술가는 예술을 뱉어내고…….

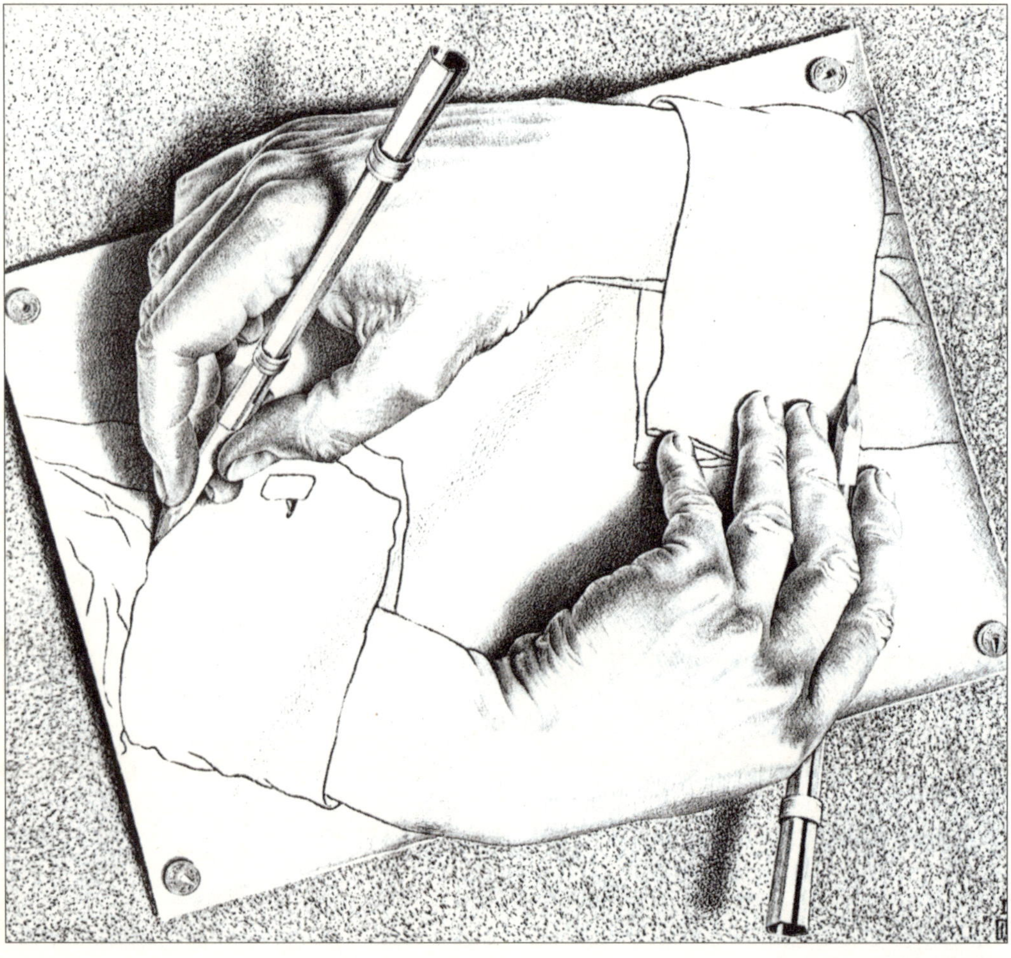

〈그리는 손〉에서, 1948년

수도원에서

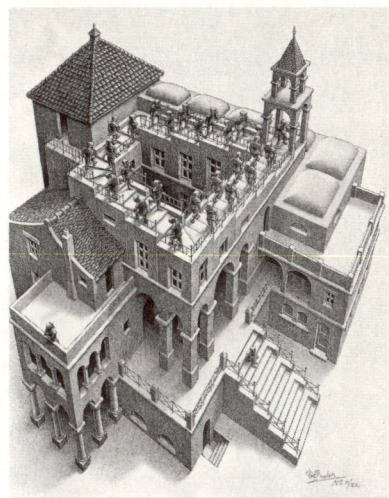

〈올라가고 내려오고〉에서, 1960년

아리스 가위, 바위, 보! 이겼다! 또 한 계단!
플라톤 가위, 바위, 보! 이겼다! 이번엔 내가 한 계단.
　　　　다시 가위, 바위…….
아리스 잠깐만요. 어디쯤 올라왔죠?
플라톤 글쎄? 잘 보게.
아리스 엇, 제자리네요!
플라톤 아까 내가 '고리' 속의 단계를
　　　　무한히 늘릴 수 있다고 했지?
　　　　이 수도원이 바로 그 원리를 이용해서 지은 거야.
　　　　어떤가?
아리스 교묘하군요.
플라톤 내가 자네를 이리 데려온 데에는 특별한 이유가 있지.
아리스 뭔데요?

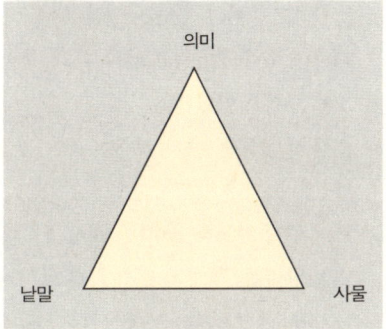

의미는 사전 속에

플라톤 자넨 낱말이 '의미'를 가지면서,
　　　　동시에 사물을 '가리킨다'고 했지?
아리스 예. 낱말은 의미를 매개로 해서 사물을 가리키게 되죠. 의미삼각형이란 게 있습니다.
　　　　옆의 그림과 같은 거죠.
플라톤 하지만 낱말은 어떻게 의미를 가질까? 가령 내가 '사과'라는 단어의 뜻을 모른다 하세.
　　　　나한테 설명 좀 해주겠나?
아리스 사과는 '열매의 일종'이죠.
플라톤 미안한데, 이번엔 '열매'가 뭔지 궁금해지는군.
아리스 사전 좀 봐도 될까요?
플라톤 좋을 대로.
아리스 가만 있자……. '과실'이라고 나와 있는데요.
플라톤 '과실'은?

아리스 잠깐만요. '식물의 꽃이 피었다 진 뒤에 맺히는' 것.
플라톤 '맺히는 것'? 그럼 '맺히다'는?
아리스 이런, '열매 따위가 생기다'…….
플라톤 그래? 열매＝과실＝맺히는 것＝열매 따위가 생기는 것이라? 재미있군. 열매란 열매 따위가 생기는 것이라…….
아리스 사전 속에서 돌고 돌아 결국 제자리로…….
플라톤 이상하지 않은가? 모든 낱말은 이렇게 사전 밖으로 빠져나올 수 없는데, 그게 어떻게 바깥의 '사물'을 가리킬 수 있는 걸까?

손가락 끝에 있지 않음이여……

아리스 간단하죠. '사과'라는 낱말과 함께 사과를 하나 보여주는 겁니다.
플라톤 그런 방법도 있었군.
아리스 그럼 사람들은 '사과'라는 말과 현실의 사과를 연결시키게 되는 거죠.
플라톤 자넨 역시 똑똑해. 하지만 눈에 보이지 않는 것들은? 가령 자네는 '인생의 목적은 행복'이라고 했지? 거기서 '인생'이나, '목적'이나, '행복'은 도대체 뭘 뜻하는 거지? 내게 좀 보여줄 수 있겠나?
아리스 그걸 어떻게…….
플라톤 그럼 눈에 보이는 사물로 돌아오기로 하지. 어느 원주민이 달려가는 토끼를 손가락으로 가리키면서 '가바가이'라고 했다고 하세. 그게 무슨 뜻일까?
아리스 '토끼'라는 뜻이겠죠.
플라톤 그럴까? '달려간다'는 뜻일 수도 있잖나? 아니면 그 손가락의 끝일 수도 있고.
아리스 그런가요?
플라톤 어디 그뿐인가? 그 말은 많은 걸 가리킬 수 있지. 가령 토끼의 머리, 몸통, 다리, 꼬리……. 왼쪽 넷째 발가락의 발톱의 윗부분의 끝, 아니면 정수리 쪽에서 23만 4,567번째 터럭!
아리스 그건 좀…….
플라톤 어쨌든 알아들었으면 됐어. 사물이 가진 속성은 원칙적으로 무한하기 때문에, 손가락이 그 가운데에 어느 걸 가리키는지 아는 건 불가능하단 얘기일 뿐이야.

아리스 그래도 우린 결국 단어의 뜻을 알아내지 않습니까.
플라톤 물론. 하지만 그건 단지 확률적인 추측에 불과한 거야. 어떤가?
       손가락은 달을 가리키나 달은 손가락 끝에 있지 않음이여……

산은 산이요, 물은 물이라……

아리스 하지만 원주민들이 그 단어를 어떤 문맥에서 사용하나
       잘 관찰하면, 그게 뭘 가리키는지 알 수 있지 않을까요?
       가령 '가바가이는 풀을 뜯는다'라고만 해도, 그게 토끼라는 걸 금방 알 수 있잖습니까.
플라톤 물론. 하지만 그러려면 우리가 우선 '풀'이라는 단어와 '뜯는다'는 단어의 뜻을
       알고 있어야지. 가령 그 문장이 그 부족 말로 이렇게 번역된다 하세. '가바가이 파룻파룻 와삭와삭.'
       여기서 '파룻파룻'은 뭘 가리키고, '와삭와삭'은 뭘 가리키지?
아리스 그것도 문맥 속에서 사용되는 걸 관찰하면……
플라톤 다시 그 문맥 속에 들어 있을 새 낱말들은 어쩌고?
아리스 …….
플라톤 결국 여기서도 다시 한번 돌고, 돌고, 또 돌아야 하겠지.
       이제 내가 왜 자넬 이리로 데려왔는지 알겠나? 산은 산이요, 물은 물이요, 열매는 열매라…….
아리스 그래도 우린 이럭저럭 말을 배우고, 그걸로 이러저러 의사소통을 하잖습니까?
플라톤 그러게 말일세. 얼마나 신기한가. 이제 떠날까?
아리스 그러죠. 근데 우린 이 계단에서 어떻게 빠져나가죠?
플라톤 이러저럭…….

3장

아래로부터의 미학
허공의 성

마그리트의 또 하나의 주제는 '사물의 교훈'이다. 허공을 떠다니는 바위덩어리와 그 위의 성채. 어떤가? 이 그림이 주는 당혹감은 아마 현대 철학이 주는 당혹감과 비슷하리라. 당신은 과학의 세계가 저 견고한 성채처럼 움직일 수 없는 '참'이라고 믿는다. 하지만 어떤가? 견고해 보이는 당신의 성채도 실은 저렇게 허공에 붕 떠 있다.

여기선 정밀 과학을 비롯한 여러 인접 학문들의 연구에 대해 알아보자. 과학적 연구는 종종 살아 있는 예술을 마치 시체처럼 해부한다는 비난을 받곤 한다. 하지만 과학적 방법도 예술적 소통 체계를 연구하는 중요한 수단임에 틀림없다. 이들은 예술에 대해 무슨 얘기를 할까? 앞에선 주로 마그리트의 철학적 주제를 다루었다. 여기선 그의 작품세계가 어떤 조형 원리 위에 세워졌는지 살펴보기로 하자.

〈피레네 산맥의 성채〉 마그리트, 1961년

달리의 꿈

〈세 개의 세계〉에셔, 1955년

그림을 봐. 거울이나 물방울 혹은 유리구슬에 비친 반영상은 에셔가 즐겨 그리던 주제였지.

에셔는 그런 반영상을 이용해 두 개의 세계를 하나로 연결하곤 했죠? 이 그림도 그런 것 같아요.

이 그림은 좀더 복잡해. 여기엔 세 개의 세계가 있어. 먼저 나뭇잎이 떠 있는 수면이 있지. 그 위로 수면에 비친 나무들이 보이고, 물 밑으로는 물고기 한 마리가 헤엄치고 있어.

수면은 물 '밖'과 물 '속'의 세계를 동시에 비춤으로써, 수면과 물속과 바깥이 하나가 되지.

프로이트에 따르면, 우리의 인성은 이 그림처럼 세 개의 층으로 되어 있다고 해. 가장 아래 층은 이드(Id).

이드는 원초적 본능이야. 무의식의 바다에서 물고기처럼 퍼덕이는 욕망덩어리지.

이드는 원초적 주체로 아직 논리나 이성, 도덕이나 윤리를 몰라. 그는 다만 쾌락 원리에 따라 본능적 욕구를 만족시키려 할 뿐이지. 이드는 꿈으로 소망을 실현하기도 하나, 아직 꿈과 현실을 구분하지는 못해.

두번째 층은 자아(Ego)야. 여기서 꿈과 현실은 분리되지. 진짜로 욕망이 실현되는 건 꿈이 아니라 현실에서야. 이제 자아는 주관적 세계와 객관적 세계를 구별하고 현실에서 욕망을 실현할 방도를 찾지.

자아는 현실을 인식하고 지각, 기억, 사고를 발전시켜. 그는 현실 원리에 따라 행동하지. 욕구를 만족시킬 실제 대상을 발견할 때까지, 자아는 이드를 억제해.

세번째 층은 초자아(superego). 자아가 현실 원리를 대표한다면, 초자아는 이상을 대표하지. 초자아는 우리가 바깥 세계에서 받아들여 내면화한 도덕률로, 쾌락이나 현실이 아니라 완전성을 지향해.

3장 허공의 성

〈성 안토니의 유혹〉 달리, 1946년
수많은 예술가가 성자의 유혹이란 주제로 그림을 그렸다. 왜?

바로 예술이군요?

예술가들은 본능적 욕구가 매우 강한 사람들로, 대개 신경증에 가까운 내향적 소질을 갖고 있어. 세잔, 고흐 다 그랬지.

초현실주의의 대표자인 살바도르 달리는 대낮에도 종종 환상을 봤다고 해. 그런 걸 보면 예술가들은 신경증 환자라는 프로이트의 말이 맞는 것도 같지.

사실 그의 그림은 정신병자의 그림처럼 온갖 해괴망칙한 형상으로 가득 차 있지. 실제로 달리는 자기 그림에 '편집증적 비평 방법'이라는 이름을 붙였어.

〈환각의 투우사〉 달리, 1968~1970년
잘 살펴보라. 이 그림엔 또 하나의 이미지가 들어 있다. 어디에?

앞에서 꿈에도 법칙이 있다고 했지? 이제 이 위대한 편집증 환자의 백일몽이 어떤 법칙에 따라 만들어졌는지 들어보자.

다음 페이지의 〈코끼리를 비추는 백조〉를 볼까.

달리 그림은 정말 이상하다!

〈레닌의 환영〉 달리, 1931년

〈코끼리를 비추는 백조〉 달리, 1937년

호수 위에 백조가 떠 있고 호반에 그림자를 던지고 있지. 하지만 그 그림자는 백조가 아니라 코끼리야.

우와! 신기하다!

이제 그림을 거꾸로 보자. 그림 속에 두 종류의 동물이 중첩되어 있음을 확실히 알 수 있을 거야. 이는 물론 '응축'의 법칙인데, 이런 식의 이미지 중첩은 달리의 그림에 자주 등장해.

3장 허공의 성 | 199

〈승화의 순간〉 달리, 1938년

예술과 실어증

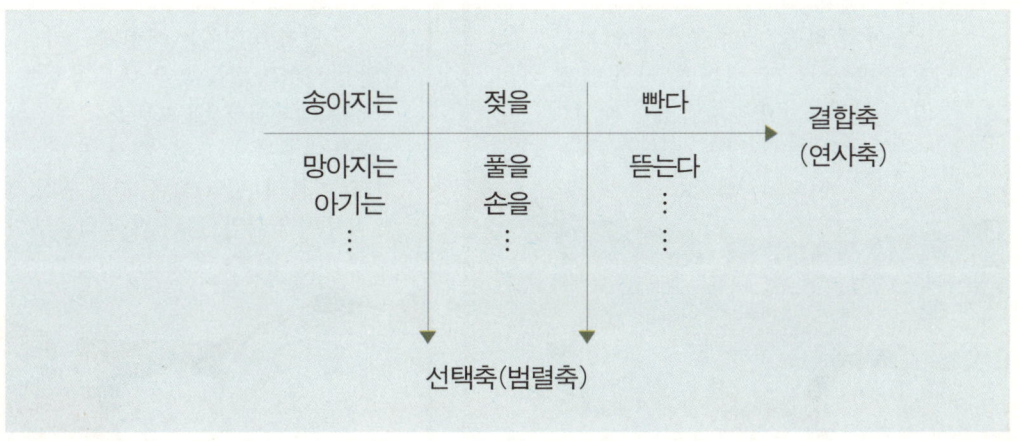

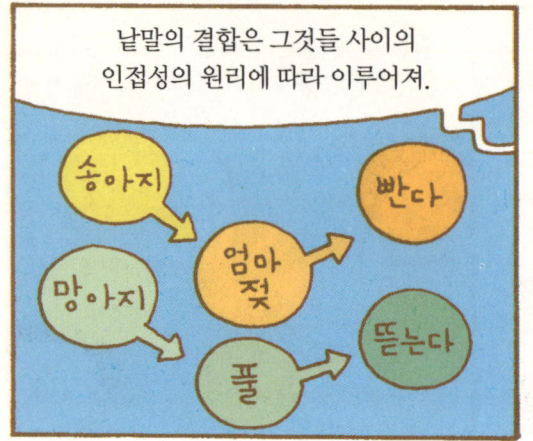

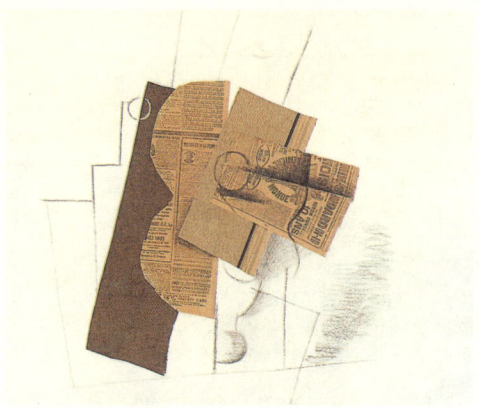

〈병과 유리, 스탠더드〉 조르주 브라크, 1913년

〈바스 병〉 피카소, 1913년

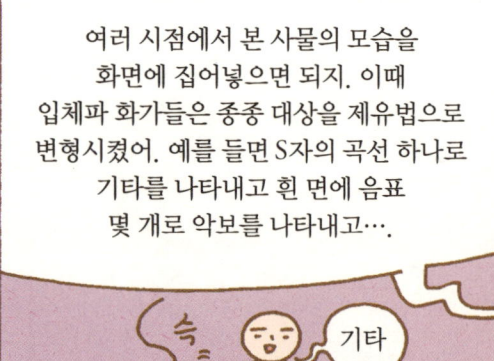

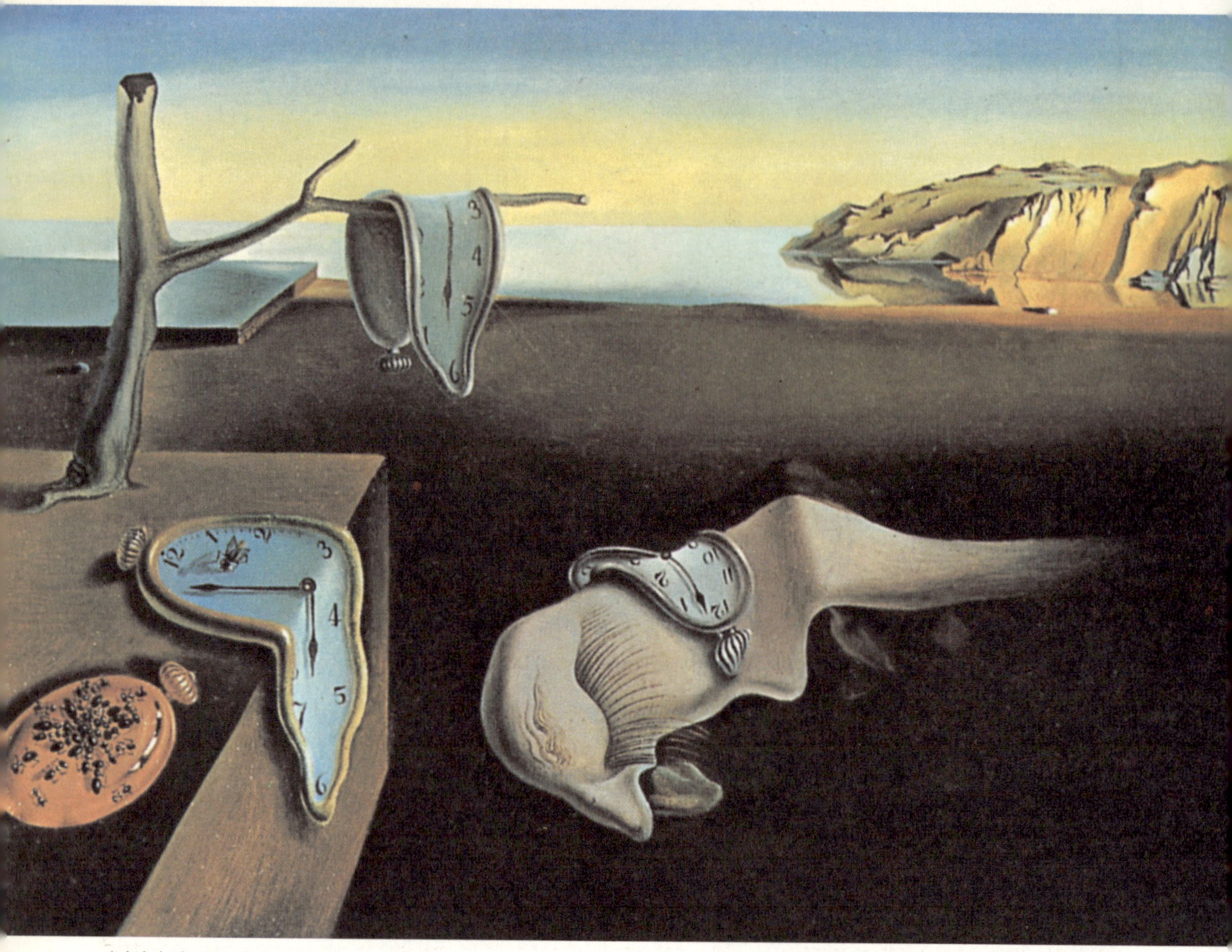

〈기억의 집요함〉 달리, 1931년

이 작품의 효과는 딱딱함이라는 속성이 '등가'의 원리에 따라 그 반대인 유연함으로 대치되는 데서 비롯돼. 시계는 딱딱할지 모르나, 상대성 원리에 따르면 시간은 유연하니까.

아하!

시간은 속도에 따라 늘었다 줄었다 하지. 이 작품은 상대성 원리가 발견한 시간의 유연성의 은유라 해. 신축성이 있는 시간, 그리고 흐물흐물한 시계….

예술과 정보

한 점쟁이가 있어. 그는 '예스'나 '노'라는 대답밖에 못하는데, 그나마 대답할 때마다 복채를 새로 내놔야 했어.

복채는 어떻게 결정되는 걸까?

점쟁이가 제공하는 '정보'의 양에 비례하죠.

맞아. 그렇다면 너희들은 벌써 정보의 개념을 안 거야. 질문하는 횟수, 복채를 내는 횟수가 바로 정보량이지. 복채는 점쟁이가 제공하는 정보의 대가니까.

정보량은 사건의 발생 확률에 비례하고 불확실성에 정비례하지.

사건이 담지하는 정보량	사건의 발생 확률
$\log_2 1 = 0\text{bit}$	100%
$\log_2 2 = 1\text{bit}$	50%
$\log_2 4 = 2\text{bit}$	25%

쉽게 말하면 뭐가 나올지 뻔한 쪽보다 예측하기 힘든 쪽이 더 많은 정보를 갖고 있다는 얘기야.

가령 '내일 지진이 일어난다'는 예보는 정보를 담지해도, '내일 해가 뜬다'는 예보는 아무 정보도 주지 못해. 이 불확실성을 '엔트로피'라 부르지. 사건이 예측하기 힘들수록 엔트로피는 커지고, 그럴수록 정보도 커져. 그럼 예술에 적용해볼까?

예!

3장 허공의 성 | 207

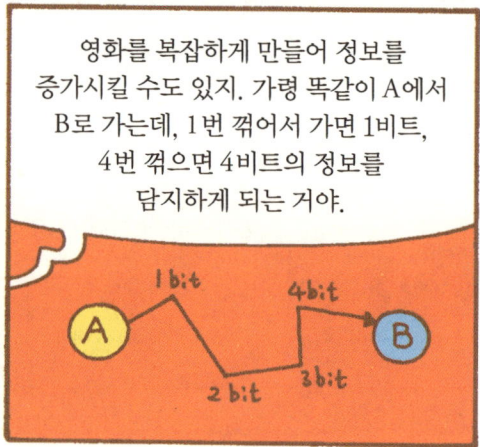

음이 오르락내리락 하는 것은 둘 다 마찬가지야. 하지만 제미니아니의 곡이 매끄럽게 하강하는 데 반해, 바흐의 곡은 많은 저항을 받으며 지그재그로 하강하지.

아! 제미니아니의 곡은 다음 음을 예상하기 쉽지만, 바흐의 곡은 엔트로피가 커서 예상하기 어렵군요? 바흐의 곡이 더 많은 정보를 담지하고 있으니까요!

하지만 무조건 복잡하다고 좋은 작품일까? 예측 불가능성이 너무 크면 정보 쇼크를 주게 되어 이해하기 힘들어져.

그럼 작품이 혼란스럽게만 느껴질 뿐이지. 그러므로 작품은 복잡성 속에서도 질서를 갖고 있어야 해.

미국의 수학자 버코프는 M=O/C라는 공식을 제시했어. 여기서 M은 '미의 척도(aesthetic measure)'를 가리키고, O는 '질서(order)', C는 '복잡성(complexity)'의 약자야. 말하자면 미란 질서와 복잡성의 함수란 얘기지.

M=O/C

쉽게 말해 아름다움은 질서 또는 예측 가능성(네그엔트로피)과 예측 불가능성(엔트로피)의 함수관계에 있다는 얘기야.

호!

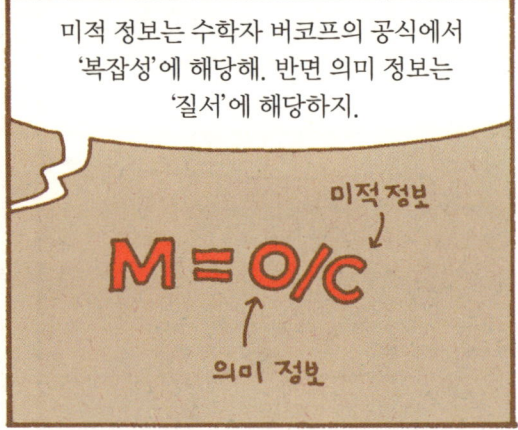

〈이소스의 싸움〉 알트도르퍼, 1529년

이 두 가지 정보의 구분은 프랑스의 몰이란 사람의 것인데, 그는 여러 시대의 작품들을 이 두 가지 정보의 관계 양상에 따라 그래프로 배열했지.

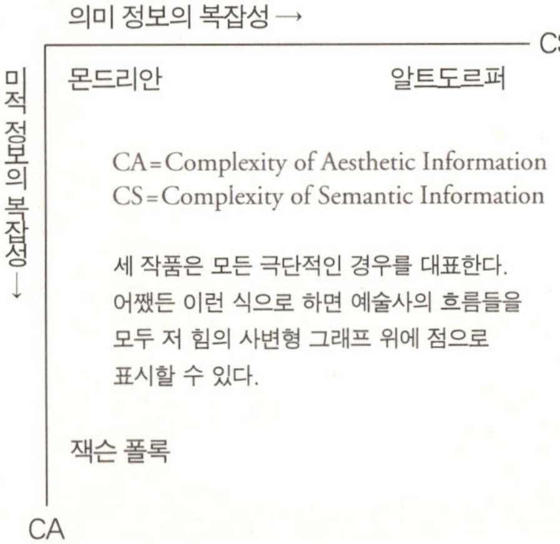

의미 정보의 복잡성 →

몬드리안   알트도르퍼   CS

CA = Complexity of Aesthetic Information
CS = Complexity of Semantic Information

세 작품은 모든 극단적인 경우를 대표한다. 어쨌든 이런 식으로 하면 예술사의 흐름들을 모두 저 힘의 사변형 그래프 위에 점으로 표시할 수 있다.

잭슨 폴록

미적 정보의 복잡성 ↓

CA

〈검정과 하양〉 잭슨 폴록, 1948년

〈빨강, 노랑, 파랑의 구성〉 몬드리안, 1927년

> 그래프 위에서

몬드리안

플라톤 다음 그림들을 보게.
나무의 형태가 점점 단순해져서…….

아리스 결국 기하학적 도형이 되는군요.

플라톤 그렇지. 몬드리안은 사물을 추상하면 사물의 감추어진
본질에 도달할 수 있다고 믿었다더군. 신지학이라던가?
일종의 신비주의 사상이지.

아리스 그것도 선생님을 닮았군요.

플라톤 원래 대가(大家)끼리는 다 통하게 되어 있는 거야.
그건 그렇고 몬드리안이 추상을 하는 과정을
정보의 관점에서 설명할 수 있겠나?

아리스 물론이죠. 나무가 구체성을 잃고 추상적으로 될수록,
그림은 의미 정보의 복잡성을 잃어가게 됩니다.

플라톤 그뿐인가?

아리스 아니죠. 동시에 혼란한 색채와 불분명한 형태가
삼원색과 간단한 도형이 되어가면서 작품이 지닌
미적 정보의 복잡성도 줄어들게 되죠.

플라톤 그렇지. 이게 바로 현대 예술이 대상성을 잃어버리는
한 가지 방법이라네.

〈나무 II〉 몬드리안, 1912년

〈수평의 나무〉 몬드리안, 1911년

〈꽃 피는 사과나무〉 몬드리안, 1912년

폴록

아리스 또 한 가지는요?

플라톤 다시 앞에 나온 잭슨 폴록(P. Jackson Pollock, 1912~1956)의 그림을 보게.

아리스 그것도 그림인가요? 꼭 페인트공이 바닥에 까는 깔판 같군요. 페인트가 바닥에 묻지 않게 하려고.

플라톤 잘 봤어. 그 자는 그림을 그리는 게 아니라, 붓에 물감을 묻혀서 뿌린다고 하더군. 커다란 캔버스를 바닥에 깔아놓고.

아리스 그런 거라면 나도 하겠다.

플라톤 어쨌든 저 과정은 어떤가? 설명할 수 있겠나?

아리스 알아먹을 수 있는 대상이 하나도 없으니 의미 정보의 복잡성은 0에 가까울 테고, 색채들이 극도로 혼란한 걸 보아 미적 정보는 극대화한다고 할 수 있죠.

플라톤 그렇지. 화면에서 하나의 색점(色点) 다음에 어떤 색이 이어질지 도저히 예측할 수 없으니까.

아리스 그런데 그자는 왜 저런 식으로 그리는 거죠?

플라톤 화가에게서 물감을 해방시키기 위해서라나? 아마 그림 그리는 과정을 화가의 의지에서 독립시켜 우연에 맡겨버린다는 뜻일 게야.

아리스 우연에 맡긴다? 그럼 결국 우연히 흘린 물감이 얼룩덜룩 묻은 페인트공의 깔판과, 저 친구의 그림 사이엔 아무 차이도 없는 거 아닙니까.

플라톤 글쎄. 하지만 내 생각엔 저건 우연을 가장한 엄청난 필연인 거 같은데…….

아리스 말이니까 쉽죠. 가령 지구가 멸망한 다음에 외계인이 지구를 방문했다가, 폴록의 그림을 발견했다 합시다. 그 친구가 과연 이게 인간이 의도적으로 만든 사물이라는 걸 알 수 있을까요?

플라톤 글쎄?

아리스 그 외계인은 이렇게 생각할 겁니다. 이 얼룩덜룩한 천쪼가리가 정보를 담지한 거라면, 그 안엔 모종의 질서가 있어야 한다. 하지만 이 안의 색점들은 무작위적으로 배열되어 있다. 고로 이 천쪼가리는 우연의 산물, 그냥 자연물일 뿐이다.

엔트로피와 오브제화

플라톤 아마 그럴 테지. 그러니까 생각나는군. 앞에서 얘기했지?
현대 예술의 오브제화라고.

아리스 그런데요?

플라톤 생각해보게. 자연적 과정은 엔트로피가 증가하는 방향으로 이루어지고,
인공적 과정은 거꾸로 엔트로피를 감소시키는 방향으로 이루어진다네.

아리스 예?

플라톤 저 자동차를 보게. 차체는 금속으로 되어 있지. 그 금속 원소들은 사실 철광 속에
다른 원소들과 무작위적으로 뒤섞여 있었지.

아리스 말하자면 엔트로피가 큰 상태였다는 말씀이겠죠?

플라톤 그렇지. 그걸 인간이 캐내서, 그 원소만 골라서 철광을 만든 뒤, 제련해서 저 자동차의
차체로 만들었단 말일세. 사실 자연 속에서 수십억 개의 금속 원소들이 저 차체 모양으로
배열되어 있을 가능성이 있겠나?

아리스 물론 거의 없겠죠.

플라톤 결국 인간이 우연적이며 무작위적인 배열을 가진 금속 원소들을 가지고 나름대로 질서정연한
배열을 가진 차체로 만든 거지. 쉽게 말하면 인간이 차체를 만드는 인공적 과정은 원소 배열의
엔트로피를 감소시키는 과정이다, 이걸세. 하지만 저 차체가 오랜 시간이 지나면 어떻게 되겠나?

아리스 녹슬고 닳고 바람에 날려, 결국 다시 땅으로 돌아가겠죠.

플라톤 그렇지. 결국 원래의 무질서한 상태로 돌아가는 거지. 이게 바로 자연적 과정일세.
자연적 과정은 이렇게 엔트로피, 즉 무질서도가 증가하는 방향으로 이루어진다네.

아리스 그게 우리 얘기랑 무슨 상관이 있죠?

$$\text{엔트로피(무질서)} \xrightarrow[\leftarrow \text{자연적 과정}]{\text{인공적 과정} \rightarrow} \text{네그엔트로피(질서)}$$

흠, 확실히 엔트로피가 감소되어 있군요!

플라톤 가령 그림을 그린다고 생각해보게.
무언가를 전달할 의도를 갖고 있다면,
그림은 어떤 질서를 갖게 될 걸세. 말하자면 물감의 배열이
일정한 네그엔트로피, 즉 질서도를 갖게 되는 거지.

아리스 그런데요?

플라톤 하지만 폴록이 물감을 뿌려댈 때,
그 색점들의 배열은 어떻게 될까?

아리스 우연하며 무질서한 배열을 띠게 되겠죠.

플라톤 그렇지. 결국 엔트로피가 증가하는 방향으로 간다는 얘기지.
그럼 어떤 결론이 나오겠나?

아리스 결국 예술 창작이 자연적 과정을 닮아간다는 얘기가 되나요?

추상, 표현, 레디메이드

플라톤 그렇지. 가령 뒤샹이라는 자는 화판에 세 가닥의 실을 떨어뜨려 생긴 우연한 모습을
그대로 작품으로 출품했다더군.

아리스 예술 창작을 그냥 자연의 우연적 과정에 맡겨버린 셈이군요.

플라톤 바로 그거야. 어떤가? 모더니즘의 3대 현상이라는 추상, 표현, 레디메이드가
결국은 한 방향이 되는 셈이지.

아리스 그건 왜죠? 가령 추상은 차가운 이성의 산물이고,
표현은 뜨거운 감정의 표출이 아닙니까?

플라톤 생각해보게. 가령 추상의 극한은 카지미르 말레비치(Kazimir S. Malevitch, 1878~1935)의 〈검은 사각형〉이고, 표현의 극한은 폴록의 물감 뿌리기지. 하지만 그 결과, 두 경우 모두 구체적 대상성과 기호성을 잃고 하나의 '사물'이 되어버리지 않았나.

아리스 하지만 레디메이드는 좀 다르지 않을까요? 그건 오히려 구체적 대상에 무한히 가까워지니까요.

플라톤 하지만 너무 가까워져 결국 예술이 그냥 '사물'이 되어버리지 않았나. 대상에서 무한히 멀어지든, 무한히 가까워지든 결과는 마찬가지야. 어떤가? 우리는 이제까지 시각적 가상의 역사를 추적해왔다네. 현실에서 나온 가상은 다시 현실로 돌아가야 하는 거지. 오디세이는 출발했던 곳에서 끝나야 하니까……

정보 필터링

대개의 예술 작품은 의미 정보와 미적 정보를 모두 갖고 있다. 그런에 이 양자를 분리하는 방법이 있다. 어떻게? 가령 그림의 경우에는, 부분을 안 보이게 가려서 그 그림이 뭘 그린 건지 못 알아보게 하는 거다. 그럼 관람자는 그림의 의미를 모른 채 오직 색채와 형태 그 자체만을 보게 된다. 이렇게 하면 의미 정보에서 미적 정보를 추출할 수가 있다.
그럼 음악의 경우엔? 더 간단하다. 레코드를 거꾸로 돌리는 거다.
그럼 청중은 소나타인지 론도인지 모른 채 음향이 가진 아름다움만을 듣게 된다.
말하자면 미적 정보만 걸러낼 수가 있다는 얘기다. 이걸 정보 필터링(filtering)이라 한다.

믹스투어

플라톤 어쨌든 엔트로피를 향해 나아가는 과정은 음악에서도 볼 수 있어. 얼마 전에 연주회에 갔었지. 〈믹스투어〉라는 곡인데, 슈톡하우젠(Karlheinz Stockhausen, 1928~)이라던가?

아리스 어떻던가요?

플라톤 고전적 음악 형식은 소나타면 소나타, 론도면 론도, 일정한 형식을 갖고 있어서, 대강 곡이 어떤 방향으로 나아갈지 예측할 수 있거든. 근데 이 친구 곡은 한 음 다음에 도대체 어떤 음이 나올지 감을 못 잡겠더군.

아리스 엔트로피가 크다는 말씀이군요.

플라톤 그렇게 한 20분을 퉁탕퉁탕거리더니, 잠깐 쉬었다가 이번엔 악보를 뒤에서부터 거꾸로 연주하더군.

아리스 그야말로 정보 필터링을 한 셈이군요. 어떻게 그런 생각을 다 했을까요?

플라톤 생각해보게. 의미 정보를 포기하는 건 현대 음악의 경우에도 마찬가지야. 의미 정보가 아예 없다면, 앞에서 뒤로 연주하나 뒤에서 앞으로 연주하나, 뭐 다를 게 있겠나?

아리스 하긴 그렇군요. 그러고 보니 생각나는군요. 칸딘스키던가? 어느 날 집으로 돌아와 보니, 그림이 거꾸로 달려 있더랍니다. 그걸 보는 순간, 이 친구는 '바로 이거다'라고 했다나요?

플라톤 똑같은 녀석이군. 어쨌든 그날은 끔찍했어. 20분 더하기 20분, 도합 40분을 내 돈 내고 고문을 당하고 나왔지.

아리스 저런……. 어떻게 그런 걸 들으러 갈 생각을 다 하셨어요, 제정신 가지고?

푸가를 만드는 기계

예술로 죽은 사물을 부활시키는 특별한 방법, 낯설게 하기!

사물을 낯설게 만들 때 비로소 우리는 거기에 주목하게 된다. 이때 죽었던 사물들은 찬란하게 부활한다. 그냥 보고 지나쳤던 사물들이 실은 얼마나 오묘하고 신비한 존재인가! 하지만 마그리트는 달리처럼 일부러 기괴한 형상을 창조하지 않는다. 그가 소재로 사용하는 것들은 우리가 주변에서 흔히 볼 수 있는 일상적 사물들이다. 난로, 과일 쟁반, 나무, 사과, 유리잔, 구두……. 우리가 흔히 보는 이 일상적 사물들을 '낯설게 함'으로써, 그는 특유의 초현실주의적 효과를 얻어낸다. 여기엔 몇 가지 방법이 있다.
①고립, ②변경, ③잡종화, ④크기의 변화, ⑤이상한 만남, ⑥이미지의 중첩, ⑦패러독스 등.

〈진실의 추구〉 마그리트, 1962년
첫번째 방법인 '고립'이란 어떤 사물을
원래 있던 환경에서 떼어내 엉뚱한 곳에 갖다놓는 걸 말한다.
이 그림을 보라. 물고기 한 마리도 저렇게
오묘하고 신기할 수 있다.

〈커다란 테이블〉 마그리트, 1962년
사물을 낯설게 하는 두번째 방법은 '변경'이다.
이는 사물이 가진 성질 가운데 하나를 바꾸는 것이다.
무거운 바위에서 중력을 제거한다든지…….
이 그림에선 무엇을 어떻게 바꾸었는지 살펴보라.

〈알마이예의 광기〉 마그리트, 1951년
사물을 낯설게 하는 세번째 방법은 '잡종화'다.
가령 물고기의 상체에 사람의 하체를 결합한다든지,
또는 이 그림처럼 성과 나무 밑둥을 결합하는 것이다.

〈청강실〉 마그리트, 1958년
네번째 방법은 '크기의 변화'다. 사물의 크기만
바꾸어놓아도 이렇게 놀라운 효과를 얻을 수 있다.

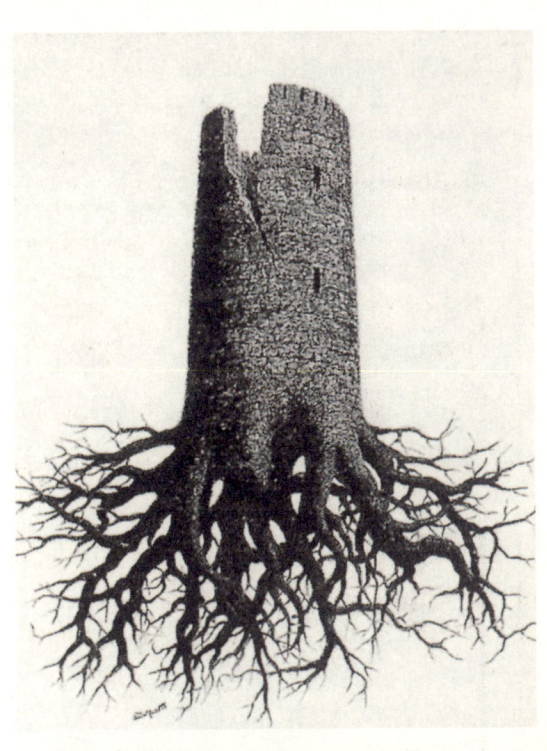

2연 마르코프 체인을 이용해 생성한 찬가

8연 마르코프 체인을 이용해 생성한 찬가

이제 컴퓨터가 이럭저럭 유의미한 문장을 만들 수 있다 하자. 그럼 소설도 쓸 수 있을까? 아직 아니지.

문장 하나하나는 다 유의미할 수 있겠지. 하지만 그 문장들이 합쳐지면, 초현실주의적인 횡설수설이 돼. 이걸 피하려면 소설의 '문법'을 입력해 문장들을 하나의 '텍스트'로 조직해야 해. 하지만 소설에 과연 문법이 있을까?

러시아의 프로프라는 사람은 100여 개의 러시아 민담을 분석해서, 그것들이 사실은 같은 구조로 되어 있다는 걸 발견했지.

말하자면 등장인물과 상황 설정만 좀 다를 뿐이지, 이야기의 골격은 같다는 거야.

이야기는 달라도 그 배후에 공통의 모티프가 깔려 있다는 거지. 그게 바로 이야기의 생성 규칙이야.

이 규칙들만 파악해 컴퓨터에 입력하면, 컴퓨터는 비슷한 이야기를 무한히 생성할 수 있을 거야.

열린 예술 작품

슈톡하우젠의 〈피아노곡 제11번〉은 재미있는 구조를 갖고 있어. 커다란 악보에 일군의 악구들이 제시되어 있고, 연주자가 그 가운데 어느 하나를 선택해 곡을 일단 시작한 뒤,

폭 넓은 해석의 자유가...

계속 악구를 선택하면서 곡을 이어나가야 해. 이렇게 연주자가 자유로이 악구들을 몽타주할 수 있으므로, 연주할 때마다 그 곡은 상이한 악구들의 콤비네이션으로 나타나게 돼.

슈톡하우젠의 〈피아노곡 제11번〉 악보

3장 허공의 성 | 231

이와 비슷한 현상을 조형 예술에서도 찾아볼 수 있어. 이탈리아 카라카스 대학의 건축과는 '매일 새롭게 발명해야 하는 학교'라는 이름으로 불리는데…

그건 이 학과의 강의실 벽이 움직일 수 있게 되어 있어, 학생들이 그날 그날 벽을 움직여 건물의 내부를 새롭게 지을 수 있기 때문이지.

그날 다루어지는 건축학적 문제가 어떤 것이냐에 따라, 건물 구조는 그날의 내용에 가장 알맞은 형태로 다시 지어져.

세계는 한 권의 책이 되기 위해 존재한다.
(Le monde existe pour aboutir à un livre)

스테판 말라르메는 한 권의 '책(livre)'을 쓰는 걸 필생의 목표로 삼았지. 사실 이 책은 원래 그의 창작 생활의 목표일 뿐 아니라, 세계 자체의 목표로서 완성이 될 예정이었어.

그가 '책'을 완성하지 못하고 죽음으로써 이 대담한 계획은 무산되고 말았지. 하지만 아직 그 초안이 남아 있어, 우린 그가 이 계획을 어떻게 실행에 옮기려 했는지 알 수 있어.

원래 '책'은 움직이는 건축물이 될 예정이었지. 말하자면 '책' 속의 페이지들은 정해진 순서를 갖고 있지 않아. 독자는 '환입(permutation)'의 규칙에 따라 마음대로 그 순서를 바꿀 수 있었지.

〈붉은 점과 푸른 점이 있는 안테나〉 콜더, 1953년

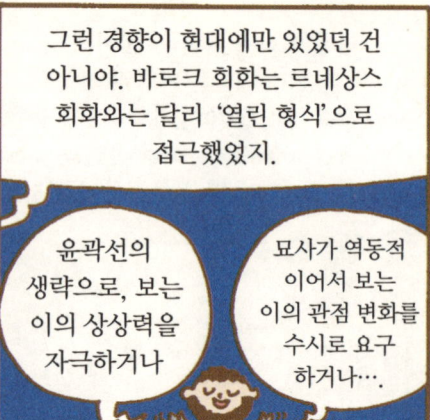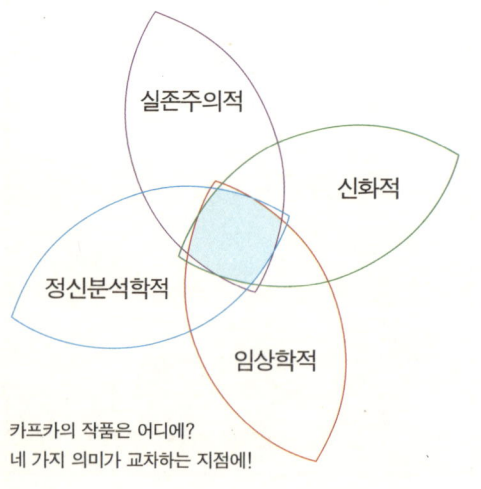

〈우아함의 상태〉 마그리트, 1959년. 사물을 낯설게 하는 다섯번째 방법은 '이상한 만남'이다. 평소엔 만날 수 없는 두 사물을 나란히 붙여놓는 거다. 그림을 보라.

가령 과학 논문 속의 문장은 명확히 규정된 단 하나의 의미를 갖지. 그 경우엔 그 문장이 해석자에 대해 갖는 정보량은 $\log_2 1 = 0$이야.

말하자면 그 문장은 해석자에게 아무런 해석의 여지도 주지 않아. 하지만 카프카의 소설 속에서 한 문장은 여러 의미로 해석될 수 있어. 만약 4개의 뜻으로 해석될 수 있다고 하면, $\log_2 4 = 2$, 즉 해석자에 대해 2비트의 정보를 갖는 것이지.

그래서 에코는 현대 예술의 개방성을 '정보량의 증가'로 규정해.

어떤 책이 제본 상태가 안 좋아 다 뜯어졌다고 하자. 그래도 뒤섞인 페이지를 순서대로 연결하는 것은 별로 어렵지 않을 거야.

그런데 그게 만약 말라르메가 쓰려던 책이라면? 조합 방법에 따라 천문학적인 경우의 수로 배열 방법이 나오겠지.

정말 엄청난 정보의 확장 아니니?

〈에바 아펠리와 칼레의 시민〉 팅겔리, 1989년
조형 예술에서 열린 예술 작품의 가장 적절한 예는 키네틱 아트일 것이다. 키네틱 아트에선 예술 작품에 움직임을 주기 위해 종종 기계 장치를 도입하기도 한다.

〈붉은 모델〉 마그리트, 1935년
사물을 낯설게 하는 여섯번째 방법은 '이미지의 중첩'이다. 두 사물을 하나의 이미지로 응축하는 거다. 프로이트는 응축성을 꿈의 경제성과 연결했다. 즉 동일한 길이 안에 되도록 많은 정보를 담는 방법이라는 거다. 카프카의 작품엔 적어도 네 가지 이상의 의미가 응축되어 있다. 조이스가 여러 나라 말을 조합하여 새로운 말을 만들어낼 때, 그 단어는 수많은 뉘앙스와 이미지의 응축이 일어나는 축이 된다. 이는 물론 작품이 가진 정보량을 엄청나게 증가시킨다.

이때 그가 즐겨 사용하는 방법 중 하나가 바로 여러 개의 어근을 합쳐 한 낱말을 만드는 장난이야.

가령 이런 거야. "From quiqui quinet to miche- miche chilet and…." 이 작품을 쓰는데 로이스는 17개 국어를 사용했지.

에코는 이렇게 혼란스럽고 다가치적이며 다의적인 작품의 세계를, 코스모스와 카오스를 합쳐 카오스모스(chaosmos)라 불렀어.

〈대조(질서와 무질서)〉에서, 1950년
무질서＋질서＝카오스＋코스모스＝카오스모스

카오스모스를 추구하는 오늘날의 열린 예술 작품은 현대 사회의 어떤 징후를 반영하고 있어.

징후라뇨?

말하자면 그건 세계관과 가치관의 중심을 잃어버린 오늘날의 혼란스런 상황의 반영이지.

베르너 하이젠베르크의 불확정성 원리는, 세계를 확실하고 고정된 관점에서 인식할 수 있는 방법은 없다는 걸 보여주었어.

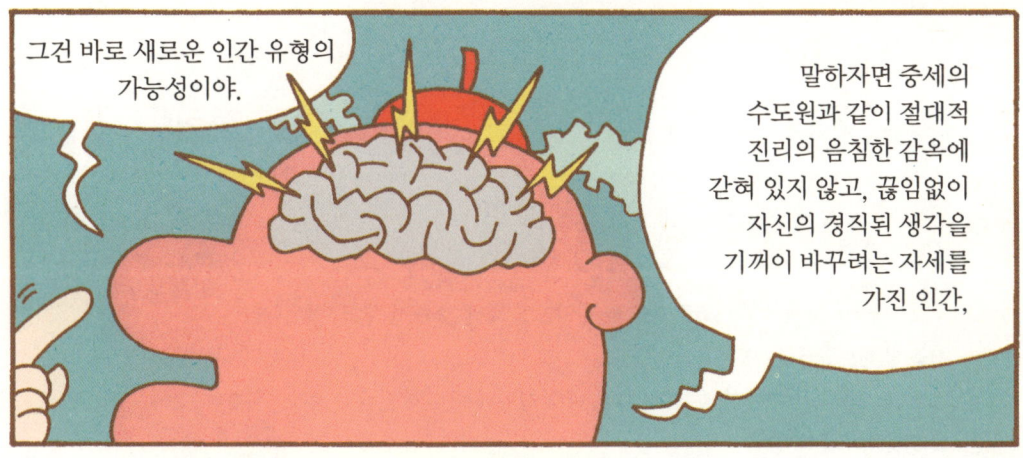

연못가에서

아리스 야, 웬 연못!
플라톤 쉬었다 갈까?
아리스 그러죠. 여기 앉죠. 경치가 좋군요. 고요하고…….
플라톤 근데 뭔가 스산한 느낌이 들지 않나?
아리스 잘 모르겠는데요.
플라톤 그래? 난 별로 느낌이 안 좋은데…….
아리스 뭐가요? 물에 비친 저 아련한 불빛 좀 보세요. 얼마나 아름답습니까!

예술은 어디에?

플라톤 이제 대충 다 둘러본 거 같은데…….
아리스 예. 예술가의 머리에서 수용자의 머리까지!
플라톤 근데 '예술'은 이 가운데 어디에 숨어 있을까?
 예술가, 창작, 텍스트, 지각, 해석, 수용자, 아니면 예술계?
아리스 글쎄요. 꼭 대답해야 되나요? 이놈 말 들어보면 그게 맞는 거 같고,
 저놈 말 들어보면 또 그게…….
플라톤 그럼 그 문제는 접어두기로 하고, 자넨 예술 작품이 어디에 있다고 생각하나?
아리스 화랑이나 박물관에요!

아아, 예술이여!
그대는 진정 어디에…

작품은 어디에?

플라톤 안 들은 걸로 하겠네. 그게 아니라, 작품은 우리의 머리 '속'에 있는 걸까, 아니면
 머리 '밖'에 있는 걸까?
아리스 글쎄요? 예술 작품=형상+질료, 형상은 질료 속에 있고, 질료는 분명히 의식 밖에 있으니까,
 예술 작품은 머리 '밖'에 있는 게 아닐까요?
플라톤 하지만 주위를 둘러보게. 저 뒤의 집과 나무, 지금 우리가 앉아 있는 이 연못,
 저 물에 비친 불빛, 이 모든 게 사실은 146×114cm 크기의 캔버스에
 발라놓은 물감에 불과하다네.

아리스 어쨌든 그 물감은 머리 '밖'에 있잖습니까.

플라톤 그래? 하지만 자네가 물에 비친 저 불빛을 보고 경탄할 때, 설마 물감의 아름다움에 반한 건 아니겠지?

아리스 그야 그렇죠…….

플라톤 자네 머리 '밖'에 있는 건 캔버스와 물감뿐이야. 거기엔 집도 없고, 나무도 없고, 저 물에 비친 불빛도 없어.

아리스 왜 없죠? 물감 속에 저렇게 들어 있잖아요.

플라톤 이 친구야, 그건 자네가 머리 '속'으로 구성해낸 거라니까.

아리스 무슨 말씀!

플라톤 자네가 아름답다고 경탄한 물그림자를 보세. 그건 3차원 공간 속에 들어 있지?

아리스 물론이죠.

플라톤 하지만 캔버스는 분명히 2차원의 평면일 뿐이야. 놀랍지 않은가? 2차원의 평면에서 자넨 3차원 공간을 보고, 심지어 그 안에 들어 있는 물그림자에 경탄까지 하고 있잖나. 근데 자네가 경탄을 보내는 그 3차원 공간은 어디에 있나?

아리스 저 캔버스에…….

플라톤 하지만 캔버스는 평면일 뿐이잖아. 그러므로 공간은 자네 머릿속에 들어 있다고 해야겠지, 안 그런가?

아리스 …….

우리는 어디에

아리스 하지만 만약 이 연못이 제 머릿속에 들어 있다면, 도대체 우리가 어떻게 이 연못가에 앉아 있을 수 있죠? 내가 내 머리 '속'의 연못가에 들어와서 대화를 나눈다……?

플라톤 건 이 글을 쓰는 녀석이 장난을 쳤기 때문이야. 그자가 우리를 그림 속에 집어넣고, 동시에 그 그림에 대해 얘기하게 만들었거든.

〈빛의 제국〉 마그리트, 1954년
어딘가 스산한 느낌을 주지 않는가?
이 그림엔 이상한 부분이 있다. 찾아보라.

아리스   나쁜 자식.

플라톤   그건 그렇고, 지금 우린 어디에 있을까?

아리스   연못가에요.

플라톤   그게 아니라, 우리가 대화를 나누는 지금, 이 상황은 이 책 속에서 일어나는 걸까? 아니면 책을 읽는 독자의 머릿속에서 일어나는 걸까?

아리스   당연히 책 속이죠.

플라톤   그렇군. 그럼 결국 대화를 나누는 우리가 책 속에 발라진 잉크 속에 들어 있단 얘긴가?

아리스   그렇죠.

플라톤   gwa—yun g—rul—ka? 이 나라 백성들이 한글이 없어, 말을 영어 알파벳으로 표기한다고 가정해보세. 그럼 지금까지 한글로 씌어진 우리의 대화가 그들에게 어떻게 보일까?

아리스   그냥 백지에 찍힌 잉크 얼룩에 불과하겠죠.

플라톤   그럼 그 잉크 얼룩에도 우리의 대화가 들어 있을까?

아리스   물론 아니겠죠.

플라톤   재미있군. 생각해보게. 똑같은 잉크 얼룩인데, 어느 때엔 우리의 대화를 담고 있고, 어느 때엔 안 담고 있다?

아리스   ???

다시 우리는 어디에

플라톤   결국 작품은 수용자의 머리 '속'에서 구성된다고 해야 하지 않겠나?

아리스   글쎄요……. 하지만 문제가 있지 않을까요?

플라톤   무슨?

아리스   생각해보시죠. 만약 우리가 나누는 대화가 독자의 머릿속에서 벌어지는 거라면, 독자들이 왜 비싼 돈을 주고 이 책을 사겠습니까?

플라톤   그거야…….

아리스   또 저 연못에 비친 아름다운 불빛이 수용자의 머릿속에 들어 있는 거라면, 마그리트는 저 그림을 창조하는 대신에 마땅히 수용자의 머리를 창조했어야 하죠. 안 그렇습니까?

플라톤   ???

〈레디메이드 부케〉 마그리트, 1956년
사물을 낯설게 하는 마지막 방법은 '패러독스'다. 양립할 수 없는 두 개의 사물이 한 그림 안에 사이좋게 들어가 있는 것을 말한다. 이 그림에서 패러독스는 어디에 있는가? 남자는 지금 '가을' 숲을 지나고 있다. 그러나 여자는 보티첼리의 〈프리마베라(봄)〉에 나오는 '봄'의 여신이다.

또다시 우리는 어디에

플라톤 그럼 작품은 텍스트와 수용자의 만남에 있다고 하면 어떨까?

아리스 글쎄요. 그런다고 문제가 해결될까요? 가령 대화를 나누는 우리가 이 책과 독자가 만남으로써 비로소 존재한다? 좀 이상하지 않은가요?

플라톤 뭐가?

아리스 대화를 나누는 우리는 도대체 어디에 있단 말이죠? 독자의 머리 '속'에요?

플라톤 아니.

아리스 그럼 '밖'에요?

플라톤 그것도 아니지.

아리스 그럼 '안'과 '밖'에 동시에?

플라톤 그럴 수는 없지…….

아리스 그럼 도대체 우린 어디에 있단 말입니까? 머리 '속'도 아니고 '밖'도 아닌 곳에요?

~S∩~O∩~(S∩O)∩~(~S∩~O)?

플라톤 재미있군. 예술 작품은 머리 '속'에 있는 것도, '밖'에 있는 것도, '안'과 '밖'에 동시에 있는 것도 아니고…….

아리스 그렇다고 작품이 '안'에도 없고 '밖'에도 없는 것도 아니고…….

플라톤 도대체 어떻게 된 걸까?

아리스 글쎄요? 이쯤 해두고, 그만 일어나죠. 벌써 밤이 깊었으니까요.

플라톤 그럴까? 그럼 이제 들어가 자세. 이런!

아리스 왜요?

플라톤 이봐, 아리스토텔레스. 하늘을 좀 보게. 지금은 낮이야!

아리스 어? 이 아래는 밤인데…….

플라톤 어떻게 된 일이지? 지금이 도대체 낮인가, 밤인가?

아리스 글쎄요. 낮도 아니고, 밤도 아니고, 낮이면서 밤도 아니고…….

플라톤 그렇다고 낮이 아니면서 밤이 아닐 수도 없잖은가!

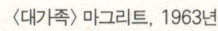

〈대가족〉 마그리트, 1963년

4장

인간의 조건
헤겔의 방학

마그리트는 헤겔이 이 그림을 보면 좋아할 거라고 말했다. 왜? 여기엔 묘한 패러독스 혹은 이율배반이 있다. 물과 우산은 서로 배척한다. 하지만 이 그림에선 이 두 사물이 묘하게 결합되어 있다. 헤겔 철학은 바로 이 이율배반을 극복하는 것과 관련이 있기 때문이다. 마그리트도 헤겔처럼 현실(réalité) 자체가 이 그림처럼 이율배반적 성격을 띠고 있다고 생각했다. 어쩌면 이율배반은 '인간의 조건'인지도 모른다. 여기서 빠져나갈 수는 없을까? 마그리트는 이 물음에 뭐라고 대답할까?

〈인간의 조건〉 마그리트, 1933년

괴델, 에셔, 바흐

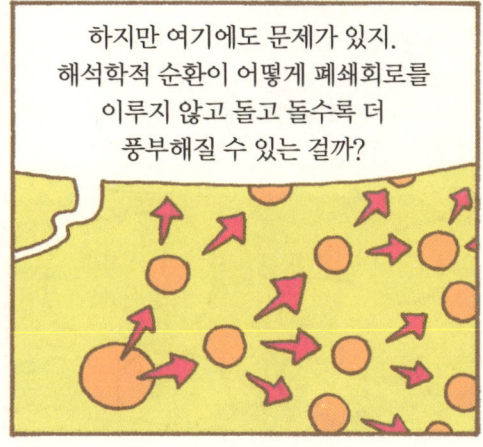

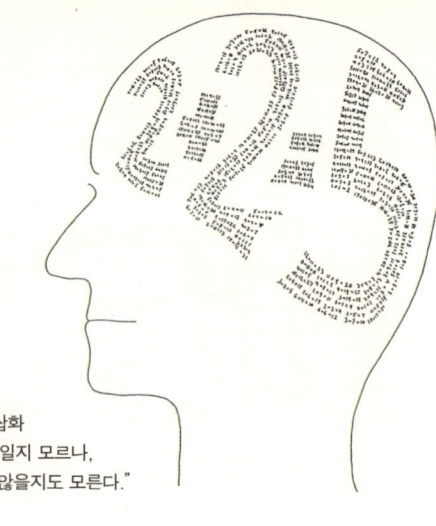

호프스태터의 삽화
"두뇌는 합리적일지 모르나,
정신은 그렇지 않을지도 모른다."
- 호프스태터

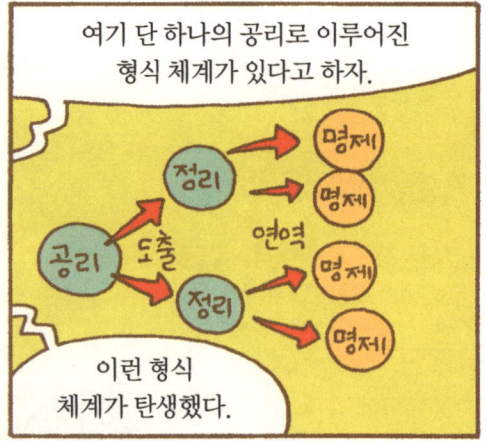

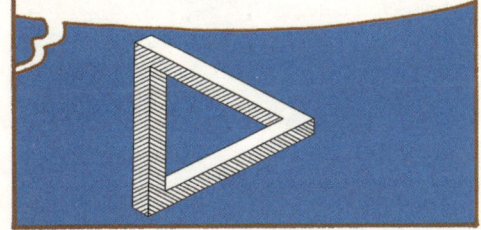

'로저 펜로즈의 삼각형'
이 이상한 그림이 다음 페이지에 나올 그림의 원형이다.

〈상대성〉에서, 1953년
저 계단을 계속 올라가면? 제자리로! 정합적이면서 동시에 완결된 형식 체계란 있을 수 없다. 그런 완전한 체계라고 주장하는 이론이 있다면, 거기엔 아마 뜻하지 않은 오류 또는 고의적인 속임수가 감춰져 있을 거다. 저 계단처럼.

모든 정합적인 체계엔 그 체계의 기준으로 진위를 결정할 수 없는 명제가 포함되어 있기 마련이지.

가령 그 명제를 증명해줄 공리를 하나 더 도입하면 어떨까?
하지만 새로 도입된 공리도 자기 정리와 명제를 갖고 있을 거야.

나도 내가 참인지 거짓인지 몰라!

254 | 삼인삼색 미학 오디세이 2

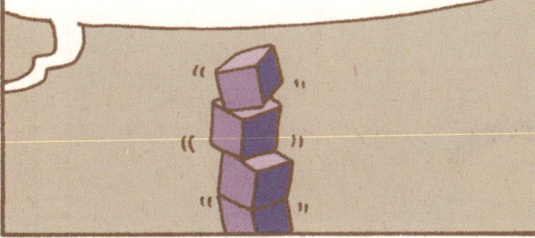

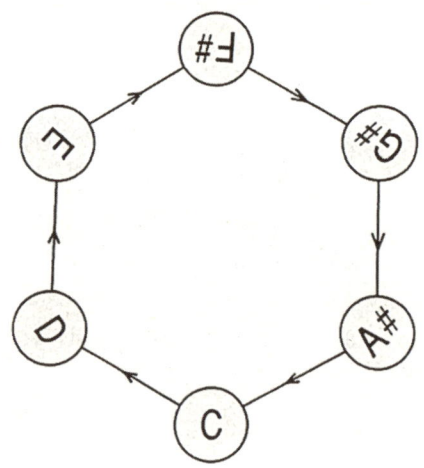

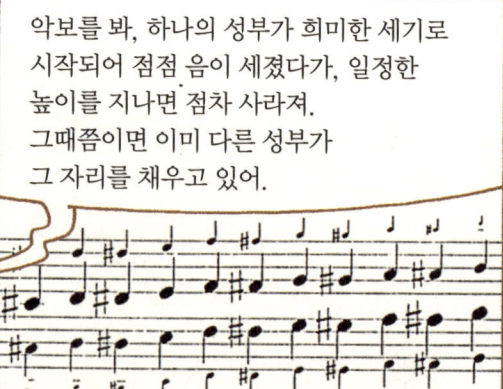

엑스 리브리스

아래 그림에 있는 'EX LIBRIS'라는 라틴어 관용구는 "~라는 책에서"라는 뜻으로, 다른 책을 인용할 때 사용하는 표현이야.

이 표현은 동시에 조그만 크기의, 주로 판화로 된 그림의 장르를 가리키는 말이기도 해. 그런데 에서는 왜 자신의 엑스 리브리스를 이런 모양으로 그렸을까?

〈엑스 리브리스〉에서, 1946년 책이 책을 말한다. 책 밖에선 무슨 일이 벌어지고 있을까? 우리가 과연 책 밖의 세계를 객관적으로 볼 수 있을까?

나아가 앞의 그림 속의 책은 우리의 의식, 우리의 언어, 우리 시대의 '지평'일 수도 있어. 문제는 저 책 속의 세계의 모습이 올바르다는 보장이 없다는 거야.

과연 우리도 저 벌레처럼 밖으로 나갈 수 있을까? 물론이야.

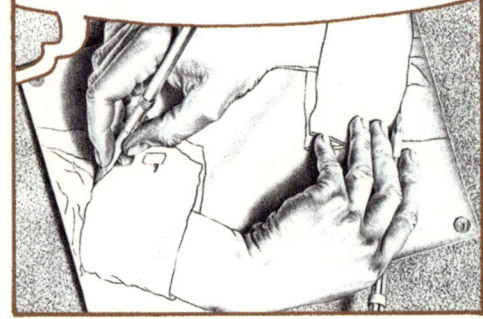
가령 〈그리는 손〉을 생각해보자. 두 개의 손이 각자 상대방을 그리고 있다.

서로를 그리는 저 두 손을 주관과 객관으로 보자. 도대체 어느 게 어느 것에서 나온 걸까?

유물론(실재론)과 관념론 사이의 수천 년에 걸친 논쟁은 결국 이 문제로 귀착되지. 이 악순환을 벗어나는 방법은? 간단해.

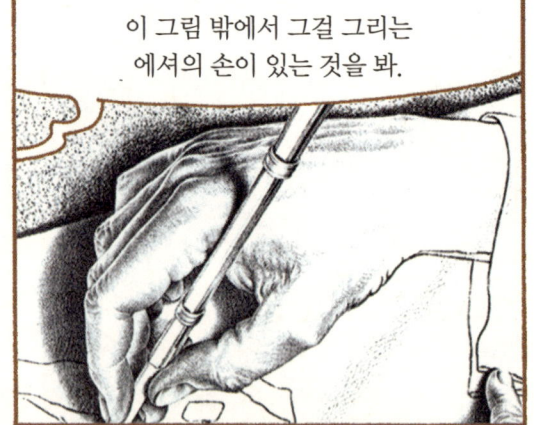
이 그림 밖에서 그걸 그리는 에셔의 손이 있는 것을 봐.

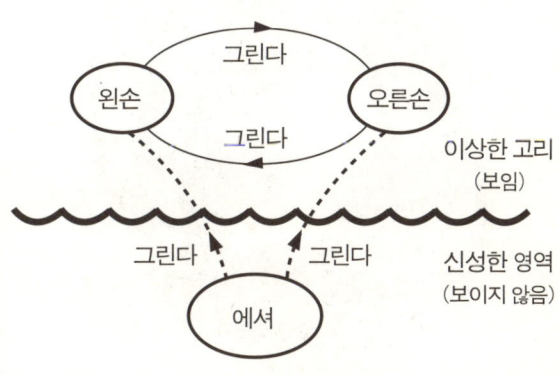

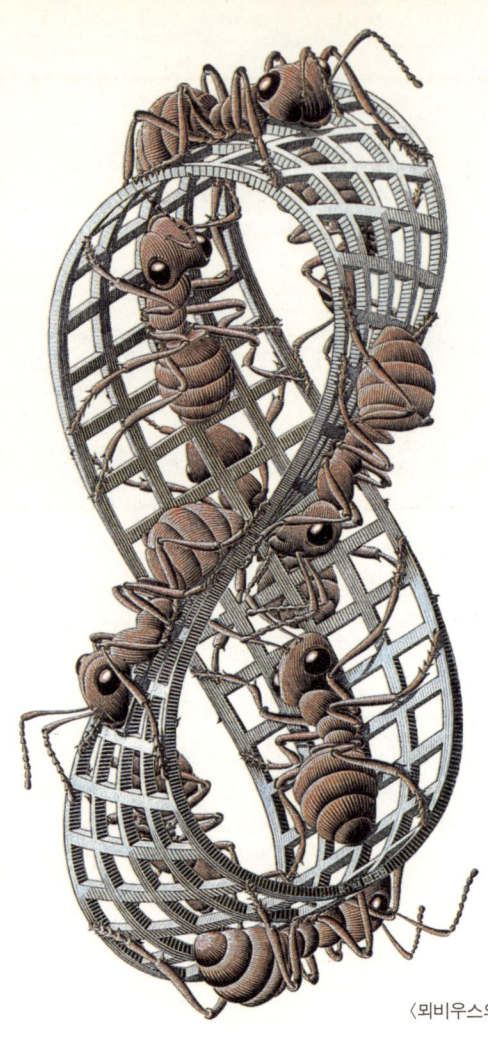

〈뫼비우스의 띠 II(불개미)〉에서, 1963년

마찬가지로 절대적 관점에서 보면 우리가 빠진 딜레마는 한갓 가상에 불과해. 헤겔은 자기가 그런 절대적 관점에 도달했다고 믿었지. 과연 그럴까?

헤겔이 절대 정신 속에서 주관과 객관을 통일하려 할 때, 그는 사실 '신의 눈'을 자처하고 있는 거야.

흠… 문제가 있군요.

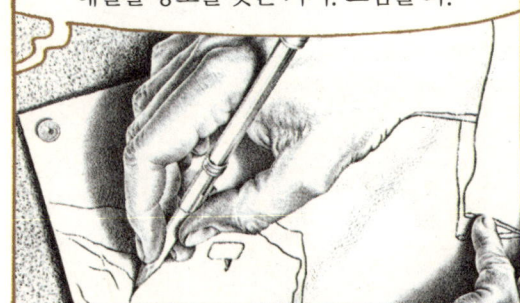

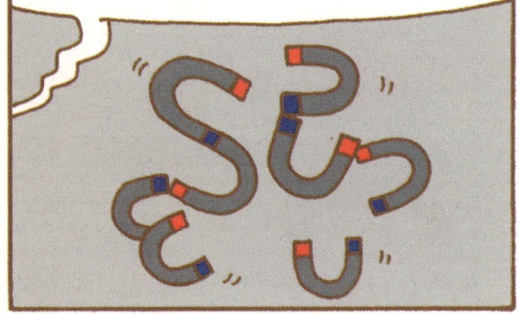

그림 속으로

〈이것은 파이프가 아니다〉 마그리트, 1928~1929년

계단을 내려오며

플라톤 여기 이 그림 좀 보게.

아리스 이것은 파이프가 아니다?

플라톤 어때, 재미있지? 그런데 이 문장이 참일까? 거짓일까?

아리스 물론 거짓이죠.

플라톤 글쎄, 참이 아닐까?

아리스 왜요? 파이프는 파이프가 아니라니, 그건 모순이 아닙니까? A=~A?

플라톤 하지만 '이것'이라는 말이 꼭 파이프를 가리킬 필요는 없지.

아리스 예?

플라톤 만약 '이것'이 자기 자신, 즉 '이것'이라는 말을 가리킨다고 해보세. 그럼 어떨까?

아리스 '이것'이라는 말은 파이프가 아니다…….

플라톤 거봐, 참이지. 저 문장은 이렇게 참인지, 거짓인지 결정할 수가 없어. 거짓이면서 동시에 참이라, 재밌잖은가?

대상언어와 메타언어

아리스 에이, 하지만 그 정도의 역설은 얼마든지 피할 수 있죠.

플라톤 어떻게?

아리스 문제는 '이것'이라는 말이 애매하기 때문에 생긴 겁니다.
'대상언어'와 '메타언어'를 구분하면 그런 역설을 피할 수 있죠.

플라톤 그래? 그게 뭔데?

아리스 현실의 대상을 가리키는 말을 대상언어라 하고, 다시 이 대상언어를 가리키는 말을
메타언어라 합니다. 혼동을 피하기 위해 메타언어의 앞뒤에는 / 기호를 붙이기로 합시다.
먼저 그림을 보시죠. 첨단 컴퓨터 그래픽(?)으로 그린 겁니다.

플라톤 이게 뭐지?

아리스 위의 첫번째 문장에서 ceci는 현실의 파이프를 가리키는 대상언어입니다.
하지만 아래 문장의 /ceci/는 대상언어인 ceci라는 단어를 가리키는 메타언어죠.
역설은 여기서 ceci라는 말을 동시에 대상언어와 메타언어로 사용하기 때문에 발생하는 거죠.

플라톤 무슨 소리지?

아리스 사실 저 그림 속의 문장엔 서로 차원이 다른 두 개의 문장이 들어 있습니다.
그걸 다시 둘로 쪼개면 역설은 저절로 해결되죠.
물론 문장의 참, 거짓을 결정할 수도 있구요. 보시죠.

ceci n'est pas une pipe
= 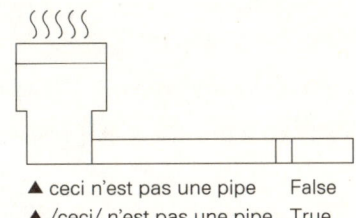 는 파이프가 아니다 — 거짓
또는
= ceci라는 말은 파이프가 아니다 — 참!

▲ ceci n'est pas une pipe   False
▲ /ceci/ n'est pas une pipe   True

역설은 여기서 'or'를 'and'로 착각하는 데서 비롯된 겁니다.
어떻게 참이면서 동시에 거짓인 문장이 있을 수 있겠습니까?

플라톤 …….

자신의 정직성에 대해 침묵할지니……

아리스 이렇게 낱말이 자기를 가리키는 걸 막으면 역설은 피할 수 있죠. 가령 이런 문장이 있다고 합시다.

이 말은 거짓말이다.

만약 '이 말'이라는 말이 다른 문장, 가령 '삼각형은 둥글다'라는 문장을 가리키면 역설은 발생하지 않습니다. 하지만 만약 그 말이 자기 자신을 가리킨다면 어떨까요?

플라톤 멍청한 에피메니데스 꼴이 되겠지.

아리스 이렇게 문장이 자기를 가리키는 걸 막으면 역설을 피할 수 있죠.

플라톤 자기 지시를 막으면 역설을 피할 수 있다?

아리스 하지만 문장이 자기를 지시하는 것 자체가 역설을 일으키는 건 아닙니다.

플라톤 왜?

아리스 가령 아래 문장을 보시죠.

이 말은 아홉 음절이다.

이 문장은 자기를 지시해도 역설을 불러일으키지 않으니까요. 문제는 자기를 지시하는 문장이 자신의 참, 거짓에 대해 얘기할 때 발생하는 거죠.

플라톤 문장이 자기 자신의 진리치에 대해 말해선 안 된다?

아리스 그렇죠. 이 규칙만 지키면 역설은 발생하지 않죠.

허공의 성

플라톤 하지만 좀 이상한데?

아리스 뭐가요?

플라톤 문장들 중엔 진리 기준에 관한 것들이 있다네. 가령 '이러저러한 명제는 참이고, 이러저러한 명제는 거짓이다'라는 명제 말일세.

아리스 물론이죠. 그런 명제가 없으면 뭐가 참이고, 뭐가 거짓인지조차 알 수 없게 되니까요.

플라톤 그렇다네. 하지만 이 명제들은 어떤가? 그것들도 자신의 참, 거짓에 대해 말하면 안 되겠지?

아리스 예외란 있을 수 없죠.

플라톤 재미있군. 뭐가 참이고, 뭐가 거짓인지 말해주는 명제가 정작 자신이 참인지,

거짓인지 말할 수는 없다?

아리스 무슨 말씀인지…….

플라톤 멍청하긴. 가령 자네가 내세운 진리 기준(진리 대응설)을 예로 들어보지. 아마 이런 거였지?

> 사실과 일치하는 명제는 참이다.
> → 이 책을 쓴 자는 미남이다.
> → 거기다 똑똑하다.
> → 인간성은 더 좋다.
> → 마음만은 미혼이다.
> → 전화 번호는 (031)983~0896이다 등등.

플라톤 여기서 '사실과 일치하는 명제'는 물론 자기 자신이 아닌 다른 명제들을 가리키겠지? 가령 그 밑에 있는 명제들 같은…….

아리스 (돈 먹었나?) 그런데요?

플라톤 하지만 이건 어떤가?

> 사실과 일치하는 명제는 참이다.
> → 사실과 일치하는 명제는 참이다.

아리스 그건 안 되죠. '사실과 일치하는 명제'라는 말이 자기 자신을 가리키니까요.

플라톤 그럼 재미있잖은가.
'사실과 일치하는 명제는 참이다'라는 명제는 정작 '사실과 일치하는 명제' 속에 들어갈 수 없다? 그럼 그 명제는 거짓이란 얘긴가?

아리스 어???

〈허공의 성〉에서, 1928년
고대 인도인들의 세계는 튼튼한 지반 위에 서 있었다. 거북이의 등처럼! 하지만 우리의 세계는?

진리의 상아탑

플라톤 자네 말대로 모든 명제가 자신의 진리치에 대해서 말해서는 안 된다고 한다면,
진리의 기준을 말해주는 명제들은 참인지, 거짓인지 결정할 수 없게 되지. 어떤가?

아리스 …….

플라톤 물론 자네의 진리 기준 역시 마찬가지지. 그건 참인가, 거짓인가?

아리스 거짓은 결코 아니고, 그렇다고 참도 아니고…….

플라톤 그런 걸 전문 용어로 '헛소리'라 부르지. 자네 말이 맞다면, 모든 진리 기준은 다른
명제들이 참이라고 보증을 서주면서도 정작 제 앞가림은 못하는 꼴이 되지 않겠나?

아리스 그런가요?

플라톤 결국 참인 명제들로 꽉꽉 채워진 이론 체계도 사실은 참인지,
거짓인지 모르는 명제 위에 세워진 가건물이 되는 셈이지. 아래처럼…….

아리스 …….

기요틴

플라톤 논리실증주의자들 기억나나?

아리스 아, 자기를 벤 면도날이요?

플라톤 맞아. 아래의 그림을 보게. 저 단두대에 목이 걸려 있는 저 두 친구가, 상대방의 목을 베려고
끈을 손에서 놓았다고 하세. 그럼 어떤 결과가 벌어질까?

아리스 물론 상대방의 목이 날아가겠죠.

플라톤 그리고?

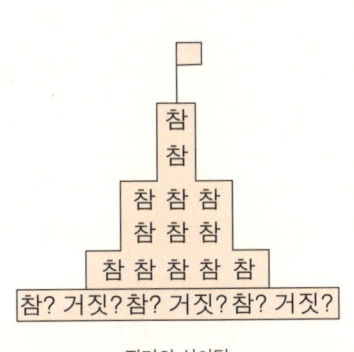

진리의 상아탑

아리스 그리고…… 목이 날아간 자는 더 이상 끈을 쥐고 있을 수 없을 테니까…….
플라톤 결국 상대방을 베려고 한 자 역시 목이 날아가게 되지.
아리스 근데 저게 뭘 나타낸 거죠?
플라톤 생각해보게. 우리에게는 진리 기준이 필요하다네.
아리스 그렇죠. 그게 없으면 뭐가 진리인지, 뭐가 거짓인지 구별할 수 없을 테니까요.
플라톤 그렇지. 그 진리 기준에 따라서 우린 거짓인 명제나 무의미한 헛소리를 도려내고
참인 명제들로 이루어진 진리의 체계를 쌓아올리게 되는 거지.
아리스 그런데요?
플라톤 하지만 무의미한 명제와 거짓인 명제의 목을 베면, 단두대의 칼날은 기다렸다는 듯이
제 모가지를 향해 떨어지게 되는 거지.
아리스 끔찍하군요.
플라톤 저 단두대 말인가?
아리스 예.
플라톤 프랑스 혁명 때에 외과의사
기요탱(J. L. Guillotin, 1738~1814)이란
자가 만든 기계인데, 듣자하니 그자도 결국 저기에서
목이 잘렸다더군.
아리스 자기가 만든 단두대가 제 목을 친다?

전체는 헛소리다?

플라톤 물론 이건 논리실증주의자들만의 얘기가 아니야.
사실 우리 인간의 지식 전체가 그런 식으로 되어 있을지 몰라.
아리스 무슨 말씀이죠?
플라톤 말하자면 우리의 지식 체계를 이루는 개개의 명제들은 다 참일지 몰라도,
그 명제들로 이루어진 체계 자체는 무의미한 헛소리에 불과할지도 모른다는 얘기지.
아리스 그건 왜죠?
플라톤 굳이 설명해야 알아듣겠나? 생각해보게, 참인 명제들이 참인 이유는,
그게 우리가 정해놓은 어떤 진리 기준에 부합하기 때문이지.
아리스 물론이죠.
플라톤 하지만 그 진리 기준 자체가 참이라는 걸 도대체 어떻게 증명한단 말인가?
아리스 …….

플라톤 때문에 헤겔은 '진리는 전체'라고 했지만, 어쩜 그 반대인지도 몰라.

아리스 예?

플라톤 말하자면, 우리의 지식 체계를 이루는 부분들은 진리이지만, 지식 체계 전체는 헛소리에 불과할지도 모른다는 얘길세. 이렇게 말일세.

아리스 여기서 어떻게 빠져나가죠?

플라톤 글쎄? 하이데거처럼 진리의 개념을 아예 바꿔 버리든지…….

아리스 아, 알레테이아 말입니까?

플라톤 그렇다네. 그 친구 얘기는 내 젊었을 때의 생각하고 비슷한 데가 좀 있어.

아리스 하지만 그건 너무 신비주의적이지 않은가요?

플라톤 그럼 자네한테 더 좋은 생각이라도 있나?

아리스 아뇨…….

다시 그림 속으로

플라톤 이쯤 해두세. 우리의 오디세이도 이제 끝낼 때가 되지 않았나?

아리스 벌써 그렇게 됐나요? 정말 기나긴 여행이었죠?

플라톤 그래 한 2,500년 정도 걸어왔나?

아리스 예, 대충. 너무 오랫동안 자리를 비운 것 같군요.

플라톤 그래. 우리가 없으니 그림이 보기 흉하지?

아리스 예. 특히, 잘생긴 제가 없으니까.

플라톤 그럼 이제 다시 그림 속으로 들어갈까?

아리스 그러죠, 고향으로 돌아온 율리시즈처럼…….

플라톤 그림에서 나온 도마뱀들처럼……. 출발!

아리스 출발! 다시 그림 속으로!

플라톤 Back to the picture!

닮는 그림

〈빛의 제국〉 마그리트, 1954년

삼인삼색 미학오디세이 2

원작 | 진중권
글·그림 | 이우일

1판 1쇄 발행일 2006년 6월 19일
1판 7쇄 발행일 2014년 12월 1일

발행인 | 김학원
경영인 | 이상용
편집주간 | 위원석
편집장 | 최세정 황서현
기획 | 문성환 박상경 임은선 최윤영 조은실 조은화 전두현 최인영 이혜인 정다이 이보람
디자인 | 김태형 임동렬 유주현 최영철 구현석
마케팅 | 이한주 김창규 이선희 이정인
저자·독자 서비스 | 조다영 채한을(humanist@humanistbooks.com)
본문·표지 출력 | 이희수 com.
사식 | 텍스트
용지 | 화인페이퍼
인쇄 | 청아문화사
제본 | 정민문화사

발행처 | (주) 휴머니스트 출판그룹
출판등록 제 313-2007-000007호 (2007년 1월 5일)
주소 | (121-869) 서울시 마포구 동교로23길 76(연남동)
전화 | 02-335-4422 팩스 | 02-334-3427
홈페이지 | www.humanistbooks.com

ⓒ 진중권·이우일, 2006

ISBN 978-89-5862-108-9 07600
ISBN 978-89-5862-106-5 (세트)

만든 사람들

기획 | 한상준
편집 | 상상클럽
디자인 | AGI 양시호 신경숙
문의 | 이혜인(lhi2001@humanistbooks.com)

• 이 책은 저작권법에 따라 보호받는 저작물이므로 무단전재와 무단복제를 금합니다.
• 이 책의 전부 또는 일부를 이용하려면 반드시 저작권자와 (주)휴머니스트 출판그룹의 동의를 받아야 합니다.